Les défis à relever dans le secteur des mines de la R.D. Congo

Willy KITOBO SAMSONI

Les défis à relever dans le secteur des mines de la R.D. Congo

Préface de Célestin MULEKA KIMPANGA

L'Harmattan
RDCongo

5-7, rue de l'École-Polytechnique 75005 Paris

http://www.librairieharmattan.com

ISBN : 978-2-14-026385-9
EAN : 9782140263859

Liste des sigles, acronymes et abréviations

ACE	: Agence Congolaise de l'Environnement
AECP	: Autorisation Permanente d'Exploitation des Produits de Carrières
AMC	: Anvil Mining Congo
ARCP	: Autorisation de Recherche des Produits de Carrières
ARECOMS	: Autorité de Régulation et de Contrôle des Marchés des Substances Minérales Stratégiques
ARPC	: Autorisation de Recherches des Produits de Carrières
BAD	: Banque Africaine de Développement
BGR	: Bundesanstalt für Geowissenschaften und Rohstoffe Institut Fédéral Allemand pour les Géosciences et les Ressources Naturelles
BM	: Banque Mondiale
BRGM	: Bureau de Recherche Géologique et Minière en Orléans, France
BSP	: Better Sourcing Program
CAMI	: Cadastre Minier
CDM	: Congo Dong Fang Mining
CEEC	: Centre d'Expertise, d'Evaluation et de Certification des substances minérales précieuses et semi-précieuses
CEPCAM	: Coopérative Principale des Creuseurs Artisanaux de Mwenga
CHEMAF	: Chemicals of Africa
CISTEMA	: Commission Interministérielle du Suivi de la question du Travail des Enfants dans les Mines Artisanales
CIMCO	: Congo International Mining Corporation
CJCM	: Congo JinJun Cheng Mining
CM	: Code Minier
CMD	: Core Mineral DRC
CNLFM	: Commission Nationale de Lutte contre la Fraude Minière
CNMC	: Huachin Mabende
COMIBAL	: Coopérative Minière de Bitanga et Lukala
COMILU	: Compagnie Minière de Luisha
COMMUS	: Compagnie Minière de Musonoi
COMINIERE	: Congolaise d'Exploitation Minière
COOPERAMMA	: Coopérative des Exploitants Artisanaux Miniers de Masisi
CPE	: Comité Permanent d'Evaluation
CRGM	: Centre de Recherches Géologiques et Minières

CTC	: Certified Trading Chains
CTCPM	: Cellule Technique de Coordination et Planification Minières
CUP	: Carrières d'Utilité Publique
DDI	: Development Diamond Initiative
DMA	: Drainage Minier Acide
DPEM	: Direction de Protection de l'Environnement Minier
EAPE	: Exploitation minière Artisanale et à Petite Echelle
EGC	: Entreprise Générale du Cobalt
EIES	: Étude d'Impact Environnemental et Social
EMAK-C	: Coopérative des Exploitants Miniers du Katanga
EPI	: Équipement de Protection Individuelle
ETD	: Entités Territoriales Décentralisées
ETM	: Éléments en Traces Métalliques
FARDC	: Forces Armées de la République Démocratique du Congo
FNPSS	: Fonds National de Promotion et de Service Social
FOMIN	: Fonds Minier pour les générations futures
GBA/CAP	: Global Battery Alliance/Cobalt Action Parternship
GECAMINES	: Générale des Carrières et des Mines
GEOCOFF	: Geological Consulting Office
IDAK	: Investissements Durables du Katanga
IGS	: International Geoscience Service
ITIE	: Initiative pour la Transparence dans les Industries `Extractives
ITOA	: Initiative de Traçabilité de l'Or d'exploitation Artisanale
ITRi	: International Tin Research Institute
ITSCi	: International Tin Supply Chain Initiative
KCC	: Kamoto Copper Company
KICC	: Kisenda Copper Company
KPM	: Kai Peng Mining
LCS	: Lualaba Copper Smelter
MIBA	: Société Minière de Bakwanga
MKM	: Minière de Kalubwe Myunga
MMR	: Mineral and Metal Resources
MPC	: Mining and Processing Congo
MRAC	: Musée Royal de Tervuren
MUMI	: Mutanda Mining
NRG	: New Resolution Geophysics
OCDE	: Organisation pour la Coopération et le Développement Économique
OIT/BIT	: Organisation Internationale du Travail /Bureau International du Travail
ONG	: Organisation Non Gouvernementale
ONU	: Organisation des Nations Unies

PA	: Potentiel de Production d'Acide
PE	: Permis d'Exploitation
PEPM	: Permis d'Exploitation de la Petite Mine
PER	: Permis d'Exploitation des Rejets
PGES	: Plan de Gestion Environnementale et Sociale
PGW	: Paterson, Grant, Watson
PIB	: Produit Intérieur Brut
PN	: Potentiel de Neutralisation
PNC	: Police Nationale Congolaise
PNN	: Potentiel Net de Neutralisation
PR	: Permis de Recherches
PROMINES	: Projet d'appui au secteur des mines
RDC/R.D.Congo	: République Démocratique du Congo
RSC	: Roche Siliceuse Cellulaire
SAEMAPE	: Service d'Assistance et d'Encadrement de l'Exploitation Minière Artisanale et à Petite Échelle
SAESSCAM	: Service d'Assistance et d'Encadrement du Small Scale Mining ou Production Minière à Petite Échelle
SAKIMA	: Société Aurifère du Kivu et du Maniema
SIG	: Système d'Information Géographique
SEK	: Société d'Exploitation de Kipoï
SDB	: Shale Dolomitique de base
SGN-C	: Service Géologique National du Congo
SMB	: Société Minière de Bisunzu
SMCO	: Shituru Mining Corporation
SMZ	: Single Mineralised Zone
SOCOMIACO	: Coopérative Minière des artisanaux du Congo
SODIMICO	: Société de Développement Industriel et Minier du Congo
SOKIMO	: Société Minière de Kilo-Moto
SOMIDEZ	: Société Minière de Deziwa Sas
SOMIKA	: Société Minière du Katanga
STL	: Société pour le traitement du Terril de Lubumbashi
TFM	: Tenke Fungurume Mining
UCK	: Usine à cuivre de Kolwezi
UMOJA	: Coopérative Minière Umoja Nguvu
UNIKIN	: Université de Kinshasa
UNILU	: Université de Lubumbashi
USD	: United States Dollars
ZEA	: Zone d'Exploitation Artisanale
ZRG	: Zone de Recherche Géologique

Table des figures

Les tableaux

Remerciements

Je suis reconnaissant au Président de la République Honoraire, l'Honorable Sénateur à vie Joseph KABILA KABANGE et à l'actuel Président de la RDC, Son Excellence Monsieur Félix-Antoine TSHISEKEDI TSHILOMBO, pour m'avoir donné l'occasion de participer au Gouvernement Ilunga Ilunkamba et de gérer un secteur clé de l'économie congolaise comme les mines. En effet, c'est grâce à leur choix qu'aujourd'hui, je me permets de partager avec les lecteurs mon expérience acquise dans le secteur des mines en étant Ministre national des mines.

Je remercie également les professeurs Louis KIPATA et Célestin MULEKA KIMPANGA ainsi que Madame Mélissa AMISI SHARUFA, Master en communication, pour la lecture de l'ouvrage et leurs conseils pertinents qui ont permis l'enrichissement de cet ouvrage.

Tous mes remerciements vont vers mes anciens membres du Cabinet et mes collaborateurs directs dans la société Sam et compagnie Sarl pour leur aide dans la collecte des données.

Je n'oublie pas de remercier les personnes qui tiennent beaucoup à moi et qui m'ont encouragé tout au long de la rédaction de cet ouvrage. Il s'agit d'abord, de mon épouse, Betty ILUNGA KITOBO et mes enfants, ensuite, de mes assistants Melissa AMISI SHARUFA et Emmanuel NGOSA et enfin, les hommes de Dieu qui n'ont cessé de prier pour moi.

Je termine par destiner une pensée agréable à tous les amis et frères qui comptent sur moi ainsi qu'à tous ceux qui utiliseront à bon escient le contenu de cet ouvrage pour l'émergence de notre beau et grand pays, la République Démocratique du Congo.

Willy KITOBO SAMSONI,

Professeur et docteur en sciences de l'ingénieur

Ministre honoraire des mines/RDC

Préface

Accomplissement d'un devoir patriotique

Quand mon ancien étudiant à la Faculté Polytechnique de l'Université de Lubumbashi, le professeur Willy KITOBO, m'a demandé de préfacer son ouvrage portant sur le secteur minier en RDC, j'ai été, après la lecture du livre, agréablement surpris par sa passion de partager sa grande expérience professionnelle dans le secteur précité, secteur de premier plan dans l'économie congolaise. En effet, son diplôme d'études approfondies obtenu à l'Université de Lubumbashi et sa thèse doctorale soutenue à l'Université de Liège, en Belgique, ont porté tous deux sur les sciences de l'environnement.

Polytechnicien et Professeur à l'Université de Lubumbashi, l'auteur des *Défis à relever dans le secteur des mines en R.D.Congo* est doublement Ministre Honoraire des Mines respectivement dans le Gouvernement provincial du Haut-Katanga et dans le Gouvernement national de la RDC. Avant d'être nommé Ministre, Willy KITOBO fut Directeur de l'École Supérieure des Ingénieurs Industriels et Doyen de la Faculté Polytechnique de l'Université de Lubumbashi. C'est donc en véritable connaisseur qu'il s'est décidé de contribuer au développement de notre pays à travers la publication des détails relatifs à l'exploitation et à la valorisation des ressources minérales du sol et du sous-sol de son pays, la RDC. Comme le lecteur s'en rendra compte, le docteur en sciences de l'ingénieur Willy KITOBO est actuellement l'un des meilleurs spécialistes du secteur minier dans notre pays.

En lisant les *Défis à relever dans le secteur des mines en R.D.Congo* , l'on découvre des véritables problèmes de ce secteur qui demeurent encore non résolus en dépit de l'existence du Code Minier révisé en 2018. Pourtant ledit Code est générateur des lendemains meilleurs pour la nation congolaise s'il est suffisamment vulgarisé et bien appliqué à tous les niveaux. En exploitant les informations rapportées dans le livre du Professeur Willy KITOBO, les intervenants dans le secteur des mines auront certainement une belle et réelle image actualisée des maux qui minent les exploitations minières, industrielles et artisanales dans notre pays. Une fois tous les maux identifiés, l'assainissement de tous les maillons de la chaîne devra s'imposer aussi bien au niveau national que provincial : Présidence de la République, Primature, Ministère des mines, Gouvernorats, Ministères Provinciaux des mines, Directions Générales des

Services des Mines et Cellule Technique de Coordination et Planification Minières.

Parmi les multiples défis à relever pour réussir le développement harmonieux du secteur minier en RDC, l'auteur évoque notamment la nécessité d'enrichir l'information géologique des sites, la lutte contre le déficit en infrastructures de base (énergétiques, routières et ferroviaires), la création des emplois dans d'autres secteurs pour réduire la banalisation de plusieurs irrégularités qui règnent dans l'exploitation minière artisanale, l'exploitation optimale des dispositions génératrices de la bonne gouvernance et de la transparence en vue de rendre l'administration efficace.

Aux aspects ci-dessus déclinés, le Ministre Honoraire des Mines a aussi ajouté celui d'ordre écologique, c'est-à-dire l'impact des activités minières sur l'environnement et la vie des communautés locales. Ici, il a dit que si la gouvernance est efficace, les Opérateurs Politiques et Miniers ne peuvent pas perdre de vue les exigences de la loi minière en vigueur. Voilà pourquoi aux uns, il recommande un contrôle régulier des sites où s'effectuent les activités minières. Aux autres, il rappelle la rigueur de la loi en cas de non-application des exigences de cette dernière.

De l'ouvrage de Willy KITOBO se dégage notamment trois messages que ce dernier destine à la communauté plurielle. D'abord, l'auteur met à la disposition du public les problèmes qui se posent dans le secteur des mines de la RDC et les attribue principalement à l'insuffisance de la vulgarisation du Code Miner en vigueur et à l'application non optimale de celle-ci. Ensuite, il s'adresse à l'intellectuel congolais en lui demandant d'apporter sa contribution scientifique dans la résolution de divers problèmes qui freinent l'émergence de notre pays. Enfin, il propose aux Opérateurs Politiques de la RDC de repérer les expertises avérées et de les exploiter judicieusement.

Félicitations au Professeur Willy KITOBO pour cette énorme contribution de l'intellectuel congolais dans la résolution des problèmes qui se posent dans son pays. Voilà pourquoi je recommande la lecture de l'ouvrage à tous ceux qui s'intéressent au développement de nos pays subsahariens, à ceux qui privilégient l'intérêt de la communauté vis-à-vis de celui des individus.

Célestin MULEKA KIMPANGA

Professeur Ordinaire à l'Université de Lubumbashi

Avant-propos

L'ouvrage *Les défis à relever dans le secteur des mines de la R.D. Congo* est pour moi un cri d'alarme pour faire prendre conscience aux congolais que nous sommes les seuls responsables de toute la mauvaise politique qui bloque le développement du secteur des mines de la RDC et cela empêche ainsi la population de profiter de ses richesses du sol et sous-sol. Ce que je dis résulte de l'expérience acquise en servant le pays en tant que Ministre provincial des mines de 2016 à 2017 dans la province minière du Haut-Katanga et comme Ministre des mines au Gouvernement central de 2019 à 2021.

Aujourd'hui, nous avons tendance à accuser les étrangers comme étant des pilleurs de nos ressources minières de ce grand potentiel géologique qualifié souvent de « scandaleux et de don de Dieu ». Je pense qu'il est temps que nous commencions à relativiser nos propos, en acceptant que les responsabilités de notre échec de bien gérer les ressources minérales sont partagées. En effet, c'est nous qui établissons les lois et qui décidons des octrois de tous les droits miniers et de carrières aux étrangers et nationaux.

C'est encore nous qui organisons et contrôlons toutes les activités minières mais, malheureusement, tous les bons textes des lois trouvent toujours des failles dans leur application, de sorte que le secteur minier paraît être complexe aux yeux des Congolais et même de certains acteurs étrangers.

Lorsqu'on lit les motivations de la révision du Code Minier de 2018, on comprend que la plupart des maux du secteur des mines étaient déjà identifiés. Mais, ni les autorités politiques ni les opérateurs miniers ne veulent changer concrètement les choses. De ce fait, la mauvaise gouvernance du secteur sous étude qui les arrange est plus profitable aux individus qu'à la communauté internationale et nationale.

Dans le sous-secteur minier industriel, cette situation est devenue difficile à maîtriser du fait que la RDC manque, depuis des années, des moyens pour financer des grands projets miniers et laisse les initiatives aux investisseurs miniers, principalement des opérateurs privés étrangers. Ces derniers ne manquent pas d'occasions pour imposer et/ou flouer l'État sur des situations qui leur profitent plus comme la surévaluation des gisements, les durées de contrat, les parts de l'État, les pas-de-porte exigés dans les contrats. Ce sont toutes ces choses qui font qu'une bonne partie des richesses du sol et sous-sol échappe à la RDC.

D'autre part, l'activité artisanale qui occupe une place importante dans la survie de la population congolaise, puisqu'utilisant des milliers de creuseurs artisanaux sans un autre emploi, est un sous-secteur des activités minières non maîtrisé par l'État et totalement caractérisé notamment par la fraude et la contrebande minières, l'exploitation inhumaine des creuseurs artisanaux et le manque de respect des droits de l'homme.

Malgré tous ces maux de l'activité artisanale, l'État congolais se sent obligé d'entretenir cette activité pour des raisons simplement sociales. Ce qui occasionne des conséquences fâcheuses responsables de la perturbation de toute l'activité minière industrielle et même l'économie en général de notre pays : cohabitation des deux activités sur les mêmes sites favorisant ainsi le vol des minerais dans les concessions des droits miniers et/ou de carrières concédées et provoquant de fois, la volatilité des prix des minerais lorsque les quantités des produits de l'artisanat deviennent importantes.

Les états des lieux réalisés à chaque début de mes deux mandats ont conduit au même constat amer : la gouvernance du secteur des mines ne s'améliore pas d'années en années et les maux ne font que se multiplier. Voilà pourquoi, pour faire prendre conscience aux dirigeants et au Congolais lambda, j'ai jugé bon de partager mon expérience en rédigeant cet ouvrage et donner les défis du secteur des mines que j'ai identifiés pour le relever. Cela a nécessité que je puisse d'abord identifier tous les problèmes qui bloquent ledit secteur. Mon espoir est que ma contribution pousse les Congolais à adopter des meilleures pratiques, surtout à prendre des bonnes décisions pour le développement du secteur économique actuellement le plus important en RDC.

Les différentes données rapportées dans l'ouvrage ont été récoltées durant mes fonctions ministérielles sous forme d'états des lieux des exploitations minières industrielles et artisanales et des services rattachés aux mines. Pour tenir compte des exigences de la protection de l'environnement, j'ai joint certains des résultats des recherches menées dans le cadre des inspections environnementales des projets miniers. Dans mes analyses, l'accent est mis sur l'application de la loi minière pour une bonne gouvernance, les décisions prises par les Gouvernements lors de mes deux mandats pour résoudre certains maux observés et les défis qui restent à prendre pour relever ce secteur.

Le lecteur trouvera donc dans les cinq chapitres qui composent cet ouvrage les détails dans le premier chapitre sur la problématique et les défis de la recherche géologique, le taux de couverture des activités minières. Le deuxième a pour pierre de touche l'administration du Code Minier et la gouvernance du secteur des mines. Les troisième et quatrième portent sur l'importante des activités minières industrielles et artisanales, les maux identifiés dans ces sous-secteurs ainsi que les défis à relever. Le dernier et cinquième chapitre a pour matrice la problématique de l'application des dispositions de la loi minière sur l'environnement et les responsabilités sociétales des entreprises.

Willy KITOBO SAMSONI,
Professeur et docteur en sciences de l'ingénieur
Ministre honoraire des mines/RDC

Introduction générale

Notre pays, la République Démocratique du Congo, possède un grand potentiel et une diversité importante, en termes de ressources minérales, ressources énergétiques, fossiles et hydroélectriques capables de résoudre tous ses problèmes d'électricité et de son économie en général. Pour ne parler que de ses ressources minérales, on trouve plus de 1100 différentes substances minérales, ce qui constitue un potentiel très important le qualifiant souvent de « scandale géologique »[1] (Muhigirwa, 2009 cité par Odya et al., 2021).

En réalité, le potentiel géologique est mal connu puisque depuis l'époque coloniale, la recherche n'a été menée de manière approfondie que sur une partie du territoire national (PROMINES, 2016) et les opérateurs miniers privés continuent jusqu'à aujourd'hui de découvrir des gisements intéressants, par exemple les cas du gisement découvert par IVANHOE avec le projet de cuivre Kamoa-Kakula et le gisement de lithium avec la société AVZ Minerals à Manono dans la province du Tanganyika.

Les ressources minérales les plus connues et exploitées jusqu'à ce jour sont constituées des gisements de minerais de cuivre, cobalt, zinc, or, diamant, étain, fer et uranium. Mais, avec l'avènement ces dernières années de l'électronique des téléphones portables et des batteries électriques dans le monde, l'exploitation des gisements de minerais de colombo-tantalite (coltan) s'est développée à l'Est de notre pays et récemment, comme signalé ci-haut, le Ministère des mines a reçu de la société australienne AVZ Minerals, partenaire de COMINIERE SA, les informations portant sur la découverte de son gisement de lithium à Manono dans le PR13359. La réserve de ce projet AVZ estimée à 400 millions de tonnes et contenant 1,65 % de Li_2O, 715ppm Sn et 34ppm Ta propulsera la RDC au rang des premiers producteurs de ce métal stratégique recherché dans le monde pour la production de l'énergie verte. Cette société australienne poursuit les investigations minières et compte valoriser, dans les années à venir, ce gisement important dès l'obtention du permis d'exploitation[2] .

L'exploration et l'exploitation des ressources minérales de la RDC ont débuté très tôt dans l'histoire coloniale avec la création des sociétés minières du portefeuille de l'État telles que GECAMINES, SOKIMO, SAKIMA, MIBA, SODIMICO. Avec l'avènement du Code Minier de 2002 qui a permis la

---

1 https://www.wathi.org/republique-democratique-du-congo-de-la-qualification-de-scandal-geologique-a-la-malediction-des-ressources-naturelles/ lu le 10 Mars 2022

2 https://avzminerals.com.au/manono-mine

libéralisation du secteur des mines, la recherche minière s'est poursuivie avec la réalisation des grands projets miniers privés comme ceux de TFM, MUMI, KAMOA COPPER SA, COMMUS, SOMIDEZ, KCC, KICC, FRONTIER SA,... en dehors de la recherche effectuée sous financement de la Banque Mondiale dans le cadre de PROMINES (PROMINES, 2016).

L'histoire nous renseigne que c'est depuis avant 1930 que l'exploitation minière domine l'économie congolaise et sert de moteur de croissance en contribuant pour une part significative au PIB de notre pays. Cependant, la guerre civile et les conflits des années 1990 et début des années 2000 ont engendré un déclin de l'exploitation industrielle tandis que l'exploitation des mines artisanales informelles et non déclarées a commencé à prospérer. Avec la faillite des sociétés minières du portefeuille de l'État et les difficultés de la relance de leurs activités par manque de financement, l'État congolais avait décidé, en 2002, de promulguer une loi minière en l'ouvrant à l'investissement privé. Et donc, ce sont les opérateurs miniers privés et principalement étrangers qui ont réussi à relancer l'exploitation minière et par ricochet, toute l'économie nationale.

Bien entendu, il faut noter qu'en valorisant les ressources minérales de notre sol et sous-sol par les opérateurs miniers privés, l'État ne gagne que s'il y a une gestion caractérisée par une bonne gouvernance et une transparence dans les activités. De plus, en optant pour une politique de valorisation des ressources minérales en utilisant les investissements privés, l'État est obligé de partager les recettes provenant des mines avec ces derniers. Il était donc incompréhensible que certains acteurs politiques continuent à croire qu'en relançant avec les privés les activités minières avec une production de plus de 1.400.000 de tonnes de cuivre et qui a atteint plus de 1.700.000 tonnes en 2021, un niveau dépassant largement celle de la GECAMINES des années 1980 évaluée à 400.000 tonnes de cuivre par an, on mobiliserait plus de recettes. Cela revient à oublier que l'investissement a changé de mains et que la RDC ne doit se contenter que des recettes de la production insignifiante des sociétés du portefeuille de l'État, des dividendes dues aux parts de sa participation dans les sociétés privées et des droits, taxes et redevances à payer conformément aux dispositions du Code Minier reprises au titre IX du régime fiscal douanier et des recettes non fiscales applicables aux activités minières.

Avec l'investissement privé, l'impact espéré n'était donc plus significatif et les retombées de la valorisation des ressources minérales profitaient plus aux investisseurs qu'au pays. C'est l'une des raisons qui a poussé les autorités du pays à revoir le Code Minier de 2002 et promulguer un nouveau Code Minier révisé en mars 2018 qui privilégie les intérêts mutuels de l'État et des privés, les responsabilités environnementales et sociales des entreprises ainsi que l'émergence de la RDC par les mines.

En effet, comme on peut lire dans les motivations de la révision du Code Minier de 2002, la nouvelle loi minière a pour objectif primordial de revoir au mieux les intérêts de l'État et des entreprises, le régime fiscal, douanier et de change ; d'accroître le niveau de contrôle de la gestion des titres miniers et du domaine minier ; de repréciser les éléments relatifs à la responsabilité sociétale des entreprises minières vis-à-vis des communautés locales affectées par les projets miniers ; d'assurer l'émergence de la RDC et son développement durable, à partir de la valorisation des ressources du sol et sous-sol et de se conformer à la Constitution de 2006 telle que modifiée et complétée à ce jour. Malheureusement, même quatre ans après sa promulgation, le développement de la RDC n'est pas palpable suite au climat de résistance observé la première année rendant difficile l'application de certaines dispositions de la loi minière. Malgré la prise en compte des recommandations de tous les participants et même de la société civile sur les engagements sociaux des miniers et la protection de l'environnement (ONG Justice et Paix, 2019), les problèmes de transparence et de gouvernance à la base des maux comme la corruption et la fraude persistent toujours[3].

Il faut rappeler que la loi autorise trois sortes d'exploitation minière en RDC, à savoir, l'exploitation minière industrielle sur les gîtes minéraux importants avec des opérateurs miniers possédant des droits miniers d'exploitation PE, PER, AECP, octroyés par le Ministre des mines, l'exploitation minière à petite échelle sur les gisements moins importants avec un minimum d'installations fixes utilisant des procédés semi- industriels ou industriels avec des opérateurs possédant des Permis d'exploitation de la Petite Mine, PEPM, l'exploitation minière artisanale sur des gîtes de substances minérales ne permettant pas une exploitation industrielle ou semi-industrielle. C'est l'exploitation industrielle qui est la plus importante puisqu'elle contribue sensiblement aux recettes de l'État et au PIB évalué ces dernières années autour de 30 % (rapport ITIE RDC, 2021). C'est aussi la seule activité du secteur qui semble être maitrisée et bien organisée avec aujourd'hui environ soixante-cinq sociétés minières actives qui paient des sommes importantes d'argent sous forme d'impôts, taxes et redevances au Gouvernement central, au Gouvernement provincial et aux entités territoriales décentralisées, en sigle ETD. Malheureusement, même ce secteur capital connaît quelques problèmes de gouvernance liés de fois, comme signalé ci-haut, à la mauvaise application de certaines dispositions de la loi minière involontairement par manque de vulgarisation ou volontairement par besoin de fraude.

Par contre, l'activité artisanale occupe une place importante dans la survie de la population congolaise puisque donnant un emploi de subsistance à des milliers des Congolais. Malheureusement, c'est l'activité qui est mal organisée, mal gérée et qui se trouve à la base de toute l'insécurité à l'Est du pays, la fraude et

---

[3] Première édition de la Conférence minière tenue à Lubumbashi, au Haut-Katanga du 30 au 31 Janvier 2013 avec comme thème principal « la transparence et la bonne gouvernance dans le secteur minier ».
Code

la contrebande minières (Kabemba et al., 2020 ; Rapport International Crisis Group, 2020 ; Odya et al., 2021). Chose grave encore, on y trouve la présence des étrangers, bien que la loi minière l'interdise. Ces derniers surexploitent les creuseurs artisanaux et parviennent même à fixer eux-mêmes les prix d'achat des produits qu'ils imposent à des niveaux très bas. A cause de la pauvreté et par manque d'autres options, notre population se trouve obligée de vendre les minerais à vil prix pour survivre.

Pour terminer, il faut également signaler que l'exploitation minière, comme tout autre activité industrielle, a toujours des impacts sur l'environnement et l'impact le plus à craindre est celui qui amène la pollution (actions écotoxicologiques dans les écosystèmes). Depuis les années 1970-1980, avec le développement durable dans tous les pays, la prise de conscience de l'environnement s'est répandue dans tous les domaines de la société, de même que dans le monde politique. Mais dans notre pays, la RDC, les législations minières d'avant la loi n° 007/2002 du 11 juillet 2002 portant Code Minier n'avaient pas mis un accent particulier sur l'aspect environnemental de l'exploitation minière. La loi minière n'accordait pas beaucoup d'importance aux contraintes environnementales, si bien que bon nombre des opérations minières se sont déroulées en violation flagrante des normes élémentaires en la matière avec, à divers égards, parfois des incidences souvent très préjudiciables, à cause du stockage des rejets miniers dans les lits des rivières naturelles, l'évacuation des eaux usées d'exhaure des mines et même des concentrateurs et usines hydrométallurgiques vers des rivières naturelles, des émissions atmosphériques sans dépollution des effluents provenant des fours de grillage, des minerais et des fours de fusion réductrice des oxydes (Kitobo et al., 2007 ; Kitobo, 2009).

En effet, avant 2002, avec les sociétés du portefeuille de l'État, seule la production des métaux tels que cuivre, cobalt et étain comptait plus et était ainsi mis en exergue. La conséquence de la négligence de la protection de l'environnement, qui est encore visible aujourd'hui, est que ces exploitations ont laissé plusieurs mines à ciel ouvert abandonnées, non remblayées et même des mines souterraines noyées, des stocks de rejets dans des lits des rivières naturelles sans imperméabilisation des sols causant ainsi tous les phénomènes connus de migration des métaux lourds et associés tels que le drainage minier acide, la dispersion par érosion éolienne, l'entraînement par les eaux de ruissellement de surface, l'entraînement chimique par les eaux d'infiltration et plusieurs pollutions des rivières par les eaux d'exhaure polluées et les eaux usées des usines de flottation des minerais et celles des usines hydrométallurgiques chargées en réactifs résiduels et métaux lourds. Avec la nouvelle loi, le législateur a ajouté des mesures contraignantes de protection de l'environnement qui poussent les entreprises minières à opter pour des technologies propres ou à améliorer les anciennes technologies avec des protections environnementales additives (Bliefert et al., 2009).

Avec ces mesures de protection de l'environnement, l'octroi de n'importe quel type de permis d'exploitation est conditionné par l'élaboration de l'Étude d'Impact Environnemental et Social, l'EIES en sigle. La loi minière dans son chapitre reprenant les définitions indique que l'EIES est un processus systématique d'identification, de prévision, d'évaluation et de réduction des effets physiques, écologiques, esthétiques et sociaux préalable au projet d'aménagement, d'ouvrage, d'équipement, d'installation ou d'implantation d'une exploitation minière ou de carrière permanente, ou d'une entité de traitement, et permettant d'en apprécier les conséquences directes ou indirectes sur l'environnement. Cette étude d'évaluation des impacts doit donc arriver à établir un cahier des charges environnementales du projet minier consistant en un programme de mise en œuvre et de suivi des mesures envisagées par l'EIES pour protéger l'environnement en supprimant, réduisant et éventuellement compensant les conséquences dommageables du projet minier sur l'environnement. Ce cahier des charges, qu'il faut respecter lors de l'exploitation minière, est désigné par le Plan de Gestion Environnementale et Sociale, en sigle PGES. Malheureusement, la plupart de ces études déposées lors de la demande de l'octroi des permis d'exploitation ne répond pas à la réalité et est donc difficile à appliquer sur terrain pour protéger efficacement l'environnement. Nous assistons, comme on le verra dans les détails de cet ouvrage, à des impacts non prévus par l'EIES et le PGES comme si ces deux études n'étaient menées et rédigées que pour le besoin de l'obtention des permis d'exploitation.

Les autres points qui ont attiré mon attention dans la rédaction de cet ouvrage et qui nécessiteront de relever les défis sont les innovations de la loi taillées pour faire profiter les ressources minières aux générations futures en mettant des mécanismes de pérennisation des activités et même, à travers le Fonds Minier pour les générations futures, FOMIN en sigle, en faisant des placements des fonds récoltés. Mais, sans la vulgarisation de ces nouveautés de la loi, on ne peut pas attendre grand-chose et c'est le constat fait depuis la promulgation du code minier révisé avec les hésitations que connaissent beaucoup d'opérateurs miniers dans l'application du paiement des frais de FOMIN, la signature du cahier des charges avec les communautés locales, le paiement de la dotation de 0,3 % du chiffre d'affaires annuel pour le développement communautaire. C'est ce qui explique souvent les pressions exercées sur le Gouvernement par les ONGs, la société civile et les communautés locales impactées par les projets miniers qui attendent des retombées reprises dans la loi provenant des activités d'exploitation des ressources de leur sol et sous-sol.

Il y a donc tant de problèmes que j'ai relevés lors de mon passage au Ministère des mines en Province entre 2016 et 2017 et au Ministère national des mines dans le Gouvernement Ilunga Ilunkamba (2019-2021) que le grand public ignore. C'est en recherchant la prise de conscience par tous, l'amélioration de la gouvernance de ce secteur et le partage de mon expérience pour résoudre les problèmes qui bloquent le développement du secteur minier que j'ai été poussé à rédiger cet ouvrage qui a pour objectif final de dégager les défis à relever du secteur des mines de la RDC.

Un triple objectif est visé dans l'ouvrage, à savoir énumérer tous ces maux qui minent le secteur de l'exploitation des ressources du sol et du sous-sol de la RDC, identifier les défis à relever et sensibiliser la population congolaise, plus particulièrement, les décideurs et intervenants du secteur, sur la nécessité d'adopter les bonnes pratiques et d'appliquer strictement la loi minière pour espérer atteindre les objectifs visés par le législateur lors de la révision du Code Minier en 2018.

Il n'est pas question d'écrire mon mémoire des activités réalisées lors de mes hautes fonctions au niveau des ministères des mines mais beaucoup plus de partager les acquis de mon expérience et rappeler les décisions prises et celles formulées sous forme de recommandations pour résoudre les problèmes qui minent ce secteur. Le texte, quoique complexe aux yeux de beaucoup des Congolais n'ayant pas un minimum de connaissance dans le domaine des mines, contient des détails accessibles à un public plus large et pluridisciplinaire sur le contenu ci-après en cinq chapitres hormis l'introduction générale et la conclusion générale.

Le chapitre 1 porte sur la problématique et les défis de la recherche géologique pour une meilleure valorisation de l'important potentiel minier de la RDC. Il est nécessaire pour fixer le lecteur sur l'insuffisance des connaissances des ressources minérales du pays et les difficultés rencontrées par l'État pour jouer pleinement son rôle principal dans le secteur des mines comme repris à l'article 8 de la loi minière en vigueur : promouvoir et réguler le développement du secteur minier, assurer la mise en valeur des substances minérales dont il est propriétaire en faisant appel notamment à l'initiative privée, conformément aux dispositions du Code Minier et améliorer l'information géologique du territoire national. Ce chapitre contient également des informations sur le taux de couverture des activités minières pour montrer au lecteur comment, depuis l'avènement de l'indépendance de la RDC, l'exploitation minière a été développée sur environ 11 % seulement du territoire national et cela sur base des indices géologiques découverts depuis l'époque coloniale.

Le chapitre 2 parle de l'administration du Code Minier et de la gouvernance du secteur des mines. Ce chapitre très important rappelle les intervenants dans le pays qui jouent un rôle important dans l'administration de la loi minière pour la réussite des activités du secteur des mines et la mobilisation importante des recettes de ce secteur. Le même chapitre reprend les problèmes et défis rencontrés dans la gestion du domaine et des titres miniers ainsi que tous les problèmes rencontrés par les services des mines lors du suivi et contrôle des activités minières.

Le chapitre 3 concerne l'exploitation minière industrielle proprement dite, de son importance dans l'économie du pays, des maux et des défis à relever.

Le chapitre 4 se rapporte à l'exploitation minière artisanale, son importance dans le social de la population congolaise, des multiples maux qui le caractérisent ainsi que les défis pour résoudre ces problèmes.

Le chapitre 5 comprend les problèmes et les défis à relever dans le secteur des mines pour protéger l'environnement. Il reprend également les problèmes et les défis rencontrés dans l'application des dispositions de la loi minière sur la responsabilité sociétale des entreprises.

Chapitre 1.

Problématique, défis de la recherche géologique et taux de couverture des activités minières

Le premier chapitre a pour pierre de touche Problématique, défis de la recherche géologique et taux de couverture des activités minières.

*Je parle de l' importance de l'information géologique, de l'***aperçu sur les ressources minérales de la RDC, la problématiue de la recherche géologique , les défis de la recherche géologique de l'État congolais et les taux de couverture des activités minières.**

1.1. Importance de l'information géologique

Dans la tradition des mines, c'est l'information géologique qui intéresse tout investisseur privé qui s'adresse au Ministère des mines, à travers le Cadastre Minier (CAMI), pour demander un permis de recherches et/ou d'exploitation. Les investisseurs potentiels considèrent qu'il est plus facile de financer des activités minières sur un périmètre dont les indices et/ou ressources minérales sont déjà identifiés. Ceci explique pourquoi les sites miniers les plus convoités au pays sont ceux étudiés et documentés comme c'est le cas de certains sites des sociétés minières du portefeuille de l'Etat (GECAMINES, SOKIMO, MIBA, SODIMICO, SAKIMA,...) et les sites possédant des indices minéralogiques certains et qui logent la grande majorité d'exploitations de cuivre et de cobalt. C'est le cas de ceux situés stratigraphiquement dans les couches géologiques du Groupe de Roan dans le Super-groupe du Katanguien qui contiennent des couches géologiques riches en minéralisation métallifère (François, 1971), tandis que les deux autres groupes connus dans le même bassin Katanguien, à savoir le Nguba et Kundelungu portent beaucoup plus sur les couches géologiques riches en produits de carrières ou géo-matériaux. S'il existe en certains endroits des gisements métallifères dans ces deux derniers groupes comme c'est le cas de Kipushi dans le Nguba et Dikulushi à Mpweto dans le Kundelungu, c'est à la faveur de la remobilisation des fluides minéralisantes à travers la fracturation liée à l'orogénèse Katanguienne (Kampunzu et al., 1999 ; Cailteux et al., 2005b ;

Dewaele et al., 2006 ; Cailteux et Misi, 2007 ; Muchez et al., 2008, 2010 ; De Putter et al., 2010 ; Haest et Muchez, 2011 ; Kipata et al., 2013 ; Kipata, 2013).

Hormis la cartographie régionale comprenant la géologie et les indices associés, le pays manque une information détaillée à proposer aux investisseurs privés. Il se limite à les autoriser d'explorer dans les carrés miniers du pays en leur octroyant des permis de recherches. Comme cette recherche prend du temps pour aboutir ou pas à des résultats concluants, le territoire se retrouve couvert, pendant plusieurs années, par des centaines de permis dormants sans un développement concret des projets palpables de valorisation des ressources minérales.

De plus, certains investisseurs privés qui finissent avec succès leur campagne d'exploration géologique ont tendance à garder certaines informations secrètes même vis-à-vis de l'État. La rétention d'informations géologiques par les sociétés privées revêt un caractère illégal sachant qu'elle est faite pour des raisons principalement de fraude minière. Par exemple, lors de la signature des contrats, il peut y avoir une sous-évaluation des gisements et une surenchère lors du processus de vente de l'actif minier.

L'information géologique étant la clé du développement du secteur des mines, j'ai préféré dans cet ouvrage commencer par relever les problèmes que connaît notre pays dans la recherche géologique et minière, et pourtant la loi minière actuelle donne des pistes de solution avec un financement certain récupéré auprès des opérateurs miniers sous forme d'un paiement appelé Fonds Minier pour les générations futures (FOMIN). En indiquant les problèmes qui bloquent les activités de recherche des ressources minérales du sol et sous-sol de la RDC, il devient facile d'identifier les défis à relever.

Le second point constitue un aperçu sur les ressources minérales de la RDC.

1.2. Aperçu sur les ressources minérales de la RDC

Les ressources minérales de la RDC sont abondantes et très variées mais très peu sont exploitées. Il est difficile d'estimer précisément les ressources géologiques présentes sur l'ensemble du territoire congolais puisqu'il y a un manque criant de connaissances des ressources souterraines. En réalité, seulement une fraction de données acquises au cours des activités historiques et récentes de prospection minérale en RDC se trouve encore aujourd'hui en RDC, comme on l'a signifié dans les états de lieux concernant les ressources minérales en RDC réalisés par l'équipe PROMINES (voir carte des ressources minérales de la RDC au 1/2.500.000 notice explicative, 2015). Effectivement, les institutions et sociétés privées et publiques ont collecté une vaste quantité de données géologiques depuis l'époque coloniale jusqu'à ce jour mais, une grande partie de celles-ci a été perdue ou dégradée suite au désinvestissement graduel de l'état, aux pillages et aux conditions de gestion et d'entreposage peu optimales. Le peu qui reste, non centralisé par le Ministère des mines, est réparti entre les différentes institutions et sociétés parastatales actives dans le domaine des ressources minérales comme le Ministère des Mines, la CTCPM, le CAMI, le CRGM, l'UNILU, l'UNIKIN, la MIBA, la GÉCAMINES, la SOKIMO, la SAKIMA, la SODIMICO, pour ne citer que ceux-là.

Cependant, la majeure partie de cette information se trouve également dans les archives d'institutions de recherches géologiques européennes, ainsi qu'auprès des différents opérateurs miniers, titulaires des droits miniers concédés depuis 2002. C'est pour combler ce déficit de connaissance que des efforts du Gouvernement ont été entrepris avec le projet de la Banque Mondiale, PROMINES, pour élaborer la carte géologique actualisée de la RDC présentée à l'annexe A. En outre, des autres informations géologiques intéressantes viennent des recherches effectuées par les opérateurs miniers privés mais malheureusement sans l'analyse par le Service Géologique National du Congo (créé par le Gouvernement congolais par le Décret n°17/016 du 04 Décembre 2017) des échantillons témoins conformément aux dispositions de la loi et règlement miniers, les statistiques souvent surévaluées par les compagnies minières sont peu fiables.

L'ensemble des travaux scientifiques menés depuis l'époque coloniale par les institutions de l'État, les sociétés privées et publiques a permis de développer les filières d'exploitation de cuivre, cobalt, zinc, or, diamant, étain, tungstène, wolframite, fer et manganèse. La filière la plus connue et la plus importante dans l'exploitation minière industrielle est la filière Cuivre – Cobalt – Zinc principalement au Sud-est du pays. Comme l'indiquent par exemple les statistiques relevées par la Cellule Technique de Coordination et de Planification Minière, en sigle CTCPM, les ressources de cette filière sont évaluées à ± 75 millions de tonnes pour le cuivre, ± 6 millions de tonnes pour le cobalt et ± 7 millions de tonnes pour le zinc. Les exportations pour l'année 2020 ont été évaluées à 1.601.208 tonnes de cuivre métal, 85.766 tonnes de cobalt métal et 15.305 tonnes de zinc métal.

La deuxième filière est celle de l'or concentrée principalement à l'Est de la RDC dont les ressources sont évaluées à ± 750 tonnes de métal. Les exportations en 2020 ont été évaluées à 29.548,58 kg, soit 76,13 kg pour la production artisanale et 29.472,45 kg pour l'exploitation industrielle.

Les ressources en diamant évaluées à ± 700 millions de carats sont diversifiées à travers tout le pays, mais son exploitation est située principalement dans la zone du centre du pays, des deux ex-provinces de Kasaï Oriental et Kasaï Occidental. Au cours de l'année 2020, on a enregistré une production totale de 12.290.555,32 carats, dont 7.908.940,41 carats pour la production artisanale et 4.381.615,21 carats pour la production industrielle.

Une autre filière importante est la filière stannifère dont l'essentiel de l'exploitation se localise à l'Est du pays, et concerne principalement la cassitérite, le colombo-tantalite (coltan) et la wolframite. Les ressources respectives de ces substances minérales sont évaluées respectivement à ± 800.000 tonnes, ± 30.000.000 tonnes et ± 400.000 tonnes. Les exportations enregistrées en 2020 sont évaluées à 21.871,82 tonnes de cassitérite dont 9.119,56 tonnes pour la production artisanale et 12.752,27 tonnes pour la production industrielle. Les productions de coltan et wolframite, essentiellement artisanales, ont été évaluées à 1.711,73 tonnes de coltan et 119,74 tonnes de wolframite.

Les ressources de la filière Fer-Manganèse sont localisées au Nord-Est et au Sud du pays. Ces ressources évaluées à ± 10 milliards de tonnes pour le fer et ± 30 millions de tonnes pour le manganèse sont en développement sous forme de projets :

- Poursuite d'exploration et d'exploitation des gisements de Fer de MBOMO et de BANALIA ;
- Gisements de LUEBO au Kasaï- Central ;
- Gisement de Kasumbalesa au Katanga ;
- Exploitation du gisement de Manganèse de Kisenge au Lualaba.

D'autres ressources intéressantes qui ont été découvertes sont :

- Bauxite au Bas-Congo ;
- Lithium avec un projet important à Manono développé par la société AVZ Minerals ;
- Nickel et Platine au Katanga et au Kasaï ;
- Uranium au Haut-Katanga ;
- les terres rares à l'Est et au Nord du pays.

Toutes les exploitations ci-dessus reprises ont été développées en se basant sur les résultats des recherches antérieures faites essentiellement avant 2002 par les Belges et les sociétés minières du portefeuille de l'Etat et très peu sont issues de nouveaux gîtes minéralisés découverts par les sociétés privées lors de l'exécution des travaux de leurs permis de recherches et d'exploitation octroyés par l'Etat congolais après la promulgation de la loi minière de 2002.

Cependant, en dépit de nombreuses activités minières privées qui se sont développées avec leurs nouvelles recherches géologiques et minières, le potentiel minier de la RDC est encore à estimer puisque l'état des lieux actuel montre qu'en termes de ressources minérales, le territoire national n'est exploré qu'environ à 11 %. Par ailleurs, cette exploration a donné lieu à des exploitations minières qui sont concentrées, comme dit ci-haut, à l'Est du pays avec l'or, étain et coltan, au Sud avec essentiellement le cuivre et le cobalt et au Centre avec le diamant.

Les informations de l'époque coloniale nous renseignent déjà de l'existence de la bauxite au Kongo-Central et récemment, des creuseurs artisanaux ont même trouvé des affleurements de cuivre, sous forme de malachite, sur certains sites. Même les résultats de recherches de certains PR octroyés dans la province ont confirmé l'existence des gisements importants de ce métal dans cette partie de la RDC. Avec ce potentiel géologique et malgré l'octroi des droits miniers aux opérateurs miniers privés, aucune exploitation effective n'a été développée. Et pourtant, la province possède un minimum d'infrastructures routières, énergétiques, ferroviaires et fluviales favorables pour un développement rapide des activités minières.

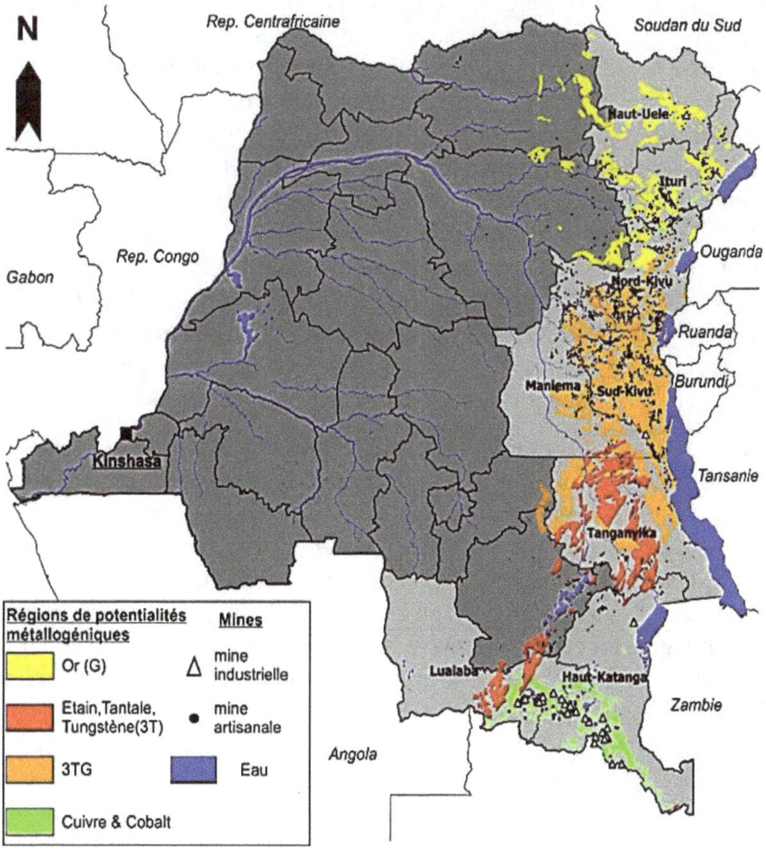

Figure 1- Carte de la RDC et des principales régions minières de la RDC (BGR, 2021)

Quelle est la problématique de la recherche géologique ?

1.3. Problématique de la recherche géologique

Il convient de de signaler comme problématique de la recherche géologique l'absence de financement des recherches dans les ZRG d'une part, d'autre part le résumé des maux retenus dans le domaine en RDC.

1.3.1. Absence de financement des recherches dans les ZRG

Dans le souci de réhabiliter le domaine minier de l'État congolais, le Ministère des Mines s'est engagé, depuis 2007, à récupérer pour le compte de l'État, les périmètres miniers issus de la déchéance des droits et titres miniers détenus par les opérateurs miniers défaillants et n'ayant pas satisfaits aux conditions de maintien de validité des droits et titres miniers conformément aux Code et Règlement Miniers. Ces périmètres miniers repris et remis au domaine public de l'État sont par la suite transformés en Zones de Recherches Géologiques, « ZRG » avec l'espoir de relancer les activités d'exploration sur terrain. Malheureusement, depuis le dernier financement obtenu de la Banque Mondiale, via l'Unité d'Exécution du projet de développement du secteur des mines appelé projet d'appui au secteur des mines (PROMINES), toutes les campagnes ont été arrêtées et cela, malgré le plan stratégique 2016-2021 du secteur minier de la RDC qui en a défini les engagements du Gouvernement congolais de manière claire et précise (Cfr. Plan stratégique de développement du secteur minier 2016-2021, Rapport final R-2).

En effet, le programme ambitieux « PROMINES », dont l'un des volets est l'accès aux ressources, a servi à effectuer des recherches géologiques dans 3 blocs cibles sélectionnés dans un effectif total de 19 blocs par les Experts du Musée Royal de Tervuren (MRAC) en Belgique. Ce programme a été réalisé par des contractants nationaux et internationaux dont le Bureau de Recherche Géologique et Minière (BRGM) en Orléans, en France. Les zones retenues pour cette campagne de recherche sont le Nord et le Sud de l'ex-province du Katanga et l'Ouest de l'ex-province de l'Équateur (Figure 2). Le tableau 1 ci-après en indique les détails.

Tableau 1- Caractéristiques des 19 Blocs de ZRG destinés à la recherche minière (CAMI, 2020 et SGN-C, 2020)

LOCALISATION/PROVINCE	N°BLOC	SUBSTANCES MINÉRALES	SUPERFICIE (Km^2)
KONGO CENTRAL	1	Phosphate	550,51
KONGO-CENTRAL	2	Cu-Va-Pb-Zn	1276,02
KWANGO	3	Diamant	1140,1
NORD-UBANGI	4	Sn-Au-Cu-W-Diamant--REE	5277,4
BAS-UELE	5	Sn-Au-Cu-W-Diamant—REE	6004,62
ITURI	6	Sn-Au-Nb-Ta-Diamant	2052,51
NORD-UBANGI/BAS-UELE	7	Diamant-Au	8642,47
BAS-UELE	8	Diamant-Au	9932,09
SUD-KIVU	9	Sn-Au-Nb-Ta-W-REE	1256
NORD-KIVU	10	Sn-W-Nb-Ta-Au	1132,45
KASAI-ORIENTAL	11	Cu-Ni	688,14
SANKURU	12	Diamant-Au	2662,49
KASAÏ/LUALABA	13	Au	6567,87
MANIEMA	14	Sn-Nb-Ta-Diamant-Au	4764,28
MANIEMA/TANGANYIKA	15	Sn-Nb-Ta-Au	5947,06
LUALABA	16	Cu-Co-PGM	3315,79
HAUT-KATANGA	17	Cu-Co	8758,01

TANGANYIKA	18	Sn-Wb-Nb-Ta-Au	12366,05
TANGANYIKA	19	Cu-Ni-Sn-Au	
TOTAL SUPERFICIE (Km²)			86.372,04

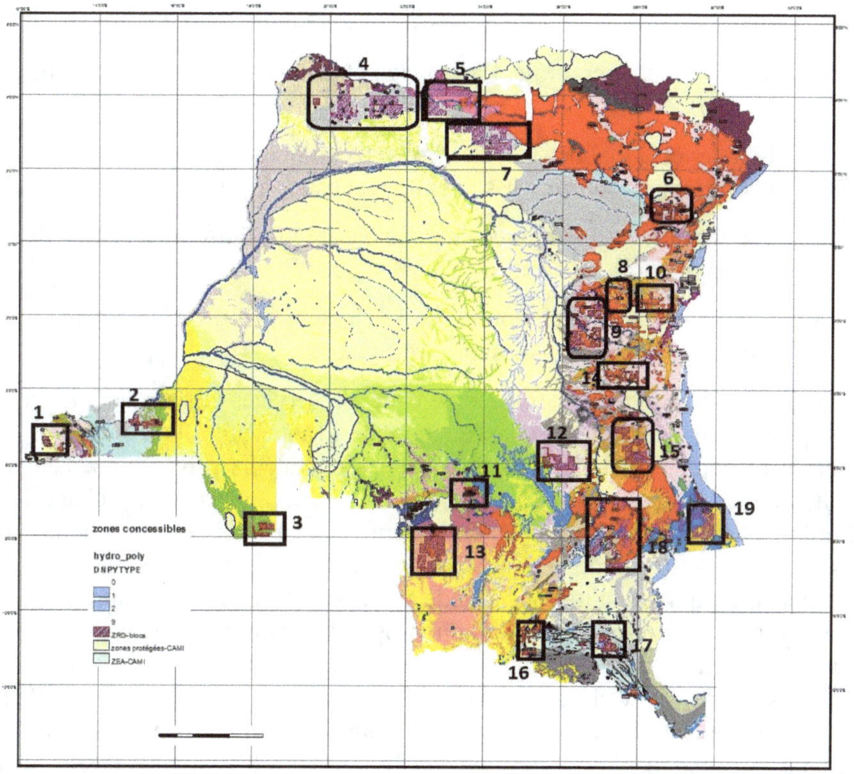

Figure 2- 19 Blocs de ZRG destinés à la recherche minière (CAMI, 2020 et SGN-C, 2020)

Dans les blocs sélectionnés, on a effectué des travaux de cartographie basés sur les données satellitaires, des campagnes géophysiques aéroportées ainsi que des études géologiques régionales (y compris la géochimie au sol). Les résultats obtenus, à ce jour, à la suite de ces travaux sont prometteurs et disponibles au SGN-C. Avec sa création, le Code Minier révisé de 2018 l'a repris en son article 12 bis avec une mission précise qui doit répondre à l'amélioration de l'information géologique du pays et à l'incitation au développement du secteur minier. Il est donc un service public sous tutelle du Ministère des Mines et a pour missions de procéder à :

- la recherche géologique de base sous financement de FOMIN (cartographie géologique, identification des gîtes minéraux et des produits de carrières) ;
- la compilation et la publication d'informations relatives aux géosciences ;
- la diffusion et la vulgarisation desdites informations.

Des autres missions spécifiques reprises dans la loi minière sont :

- la réception, le contrôle, l'archivage et la conservation des échantillons témoins ;
- l'étude et l'élaboration des avis techniques sur le classement, le déclassement ou le reclassement des substances minérales ;
- donner des avis techniques sur l'ouverture ou la fermeture des Zones d'Exploitation Artisanale, ZEA en sigle ;
- donner des avis techniques sur le classement ou reclassement d'une substance déclarée « substance réservée ».

A ce jour, par manque de financement de ce service, aucune activité n'est pratiquement menée avec des conséquences désavantageant l'État congolais. En effet, la recherche géologique menée par les opérateurs privés possédant des droits miniers octroyés par l'État n'est pas suivie en analysant les échantillons témoins censés être remis au SGN-C conformément à la loi minière. La majorité des sociétés privées garde les informations capitales sur l'estimation réelle des gisements, ce qui constitue une fraude minière à leur profit. L'autre chose à retenir parmi les conséquences de la non-opérationnalisation des activités liées aux avis techniques à fournir sur les ZEA est la signature par les Ministères de plusieurs ZEA non viables à travers le pays où des milliers de travailleurs artisanaux mènent des lourds travaux de creusage des puits sans y trouver des minerais. Le manque de viabilisation des ZEA fait que les exploitants artisanaux s'agglutinent en fraudeurs sur les sites industriels ou créent un surnombre sur certains sites leur dédiés, rendant ainsi difficile l'encadrement technique.

Je rappelle aux lecteurs que la loi minière congolaise exige avant toute institution d'une ZEA la récolte des données techniques par le SGN-C afin de donner un avis au Ministre des mines. Et conformément à cette même loi, le SGN-C est appuyé financièrement par le FOMIN, une innovation du Code Minier de 2018 pour booster le développement du secteur des mines par la recherche.

Concernant les activités de recherches géologiques, les plus récentes sont celles qui ont été financées par le projet PROMINES entre 2016 et 2019. Les premières activités sont les campagnes géophysiques aéroportées réalisées entre 2016 et 2018 par un Consortium IGC (International Geoscience Service), NRG (New Resolution Geophysics) et PGW (Paterson, Grant, Watson).

Les méthodes géophysiques utilisées étaient le magnétisme et la spectrométrie Gama (radiométrie). Les campagnes ont été réalisées dans les cinq blocs représentés dans la figure 3 ci-dessous.

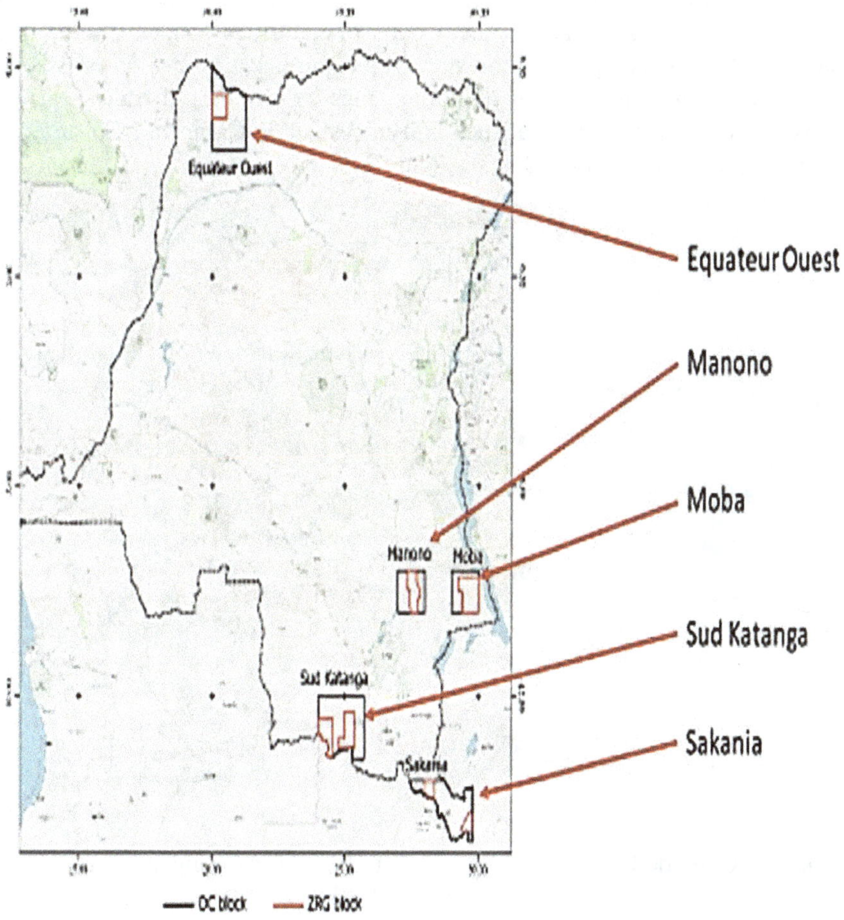

Figure 3 - Carte de localisation des cinq blocs étudiés par IGC–NRG–PGW (SGN-C, 2020)

Les rapports électroniques disponibles ainsi que les cartes géophysiques fournies par le groupement IGC-NRG-PGW sont disponibles au SGN-C. Ces travaux ont décelé dans tous les blocs des anomalies géophysiques intéressantes (zones cibles pour la recherche minière), mais qui nécessitent, pour être complètes, des travaux approfondis de certification des gisements probables.

Une autre étude géologique financée par PROMINES est l'étude régionale réalisée entre 2016 et 2019 par le Groupement « BRGM – IGS – GEOCOFF » sur les 3 Zones – Cibles (Katanga Nord, Katanga Sud et Équateur Ouest). Trois objectifs principaux étaient visés à savoir : acquérir de nouvelles données géoscientifiques (géochimique et géologique) sur les cibles sélectionnées, mettre en lumière les ressources potentielles en RDC sur les zones cibles pour assurer leur promotion et fournir l'ensemble des données sur une plateforme numérique (SIG et BNDG). Les travaux réalisés dans le cadre des Études Géologiques Régionales focalisés en prospection stratégique, par la circonscription des zones d'anomalies (zones susceptibles de contenir les indices de minéralisation) ont permis de combler certaines lacunes constatées sur la Carte du Ministère des Mines au 2.500.000ᵉ (Edition 2015) (Figure 4).

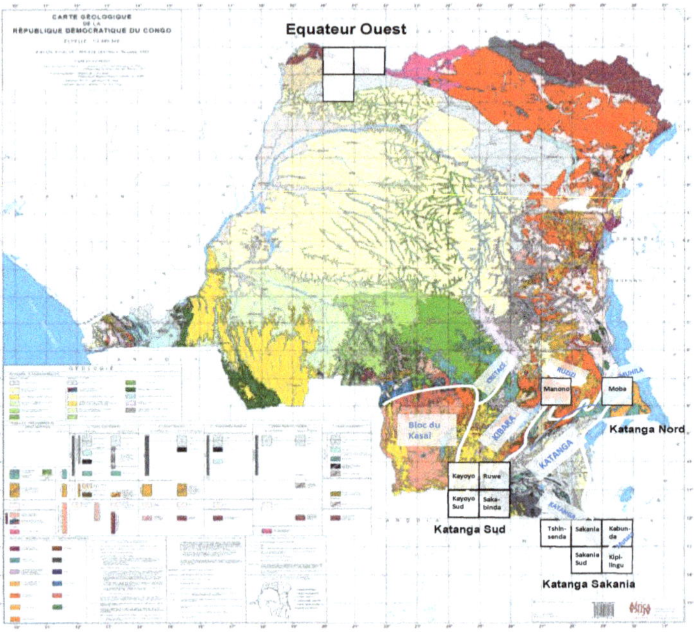

Figure 4 – Carte de localisation des blocs étudiés par le Groupement BRGM – IGS – GEOCOFF

Les résultats réalisés dans le cadre de cette étude ont permis de constater les productions de carte géologique suivantes :

- Pour l'ex-Province du Katanga :
  - production de quatre nouvelles cartes géologiques à l'échelle 1/200 000 pour les Degrés Carrés Kayoyo, Kayoyo Sud, Ruwe, Sakabinda ;
  - production de cinq cartes géologiques à l'échelle 1/200 000 pour les Degrés Carrés Tshinsenda, Sakania, Sakania Sud, Kapunda, Kipilingu ;
  - production de deux cartes géologiques au 1/400.000 pour le cible : Katanga Sud et Katanga Nord
  - deux forages carottant ont été réalisés.

- Pour l'ex-Province de l'Equateur
    - production de 3 cartes géologiques à l'échelle 1/200 000 pour les Degrés Carrés Businga, Molegbe et Mobayi – Mbongo ;
    - production d'une carte géologique au 1/400.000 pour le cible : Equateur Ouest.

Concernant l'un des forages exécutés, celui du site Kangeya se trouve dans presque le même contexte géologique que le périmètre de la Société IVANHOE MINES Ltd (Projet de Cuivre de Kamoa-Kakula). D'après les résultats consignés dans le rapport au Service Géologique National du Congo, il serait souhaitable qu'il puisse aller plus en profondeur, ce qui permettrait de recouper tout le Grand-conglomérat et même d'atteindre le Roan, afin d'avoir le maximum de renseignements géologiques et minéralogiques sur cette région du pays qui reste encore peu connue.

La RDC devra étendre à travers le Ministère des mines avec son service SGN-C les mêmes études aux autres Provinces de la RDC dans le but d'améliorer les connaissances géologiques et minéralogiques de tout le territoire national.

Sur base des données géophysiques réalisées par le groupement IGC–NRG–PGW et des études régionales réalisées par le groupement BRGM – IGS – GEOCOFF, il a été réalisé une étude de prospectivité minérale dans les zones d'études par la Firme Beak. La méthode de prédictivité utilisée est nécessairement une méthode artificielle basée sur l'usage d'un système Neuronal en intégrant les principaux paramètres physico-chimiques ayant favorisé la mise en place des gisements des minéraux. Les données de géologie, celles de géophysiques et les résultats de la géochimie de ruisseau y ont été intégré dans l'objectif de produire une carte de potentialité dans les différents blocs. Ces analyses ont été réalisées dans les cinq blocs déjà désignés, c'est-à-dire :

- Sud Katanga
- Manono
- Moba
- Equateur-ouest
- Sakania

Cette étude de Prospectivité a produit des zones cibles dites prospectives en certains minéraux d'intérêts économiques comme le cuivre et le cobalt pour la partie KATANGA SUD, SAKANIA et MOBA, la cassitérite pour la partie Nord du bloc KATANGA SUD et de MANONO, l'Or pour la partie Est du bloc MOBA ainsi que le diamant et or pour la partie EQUATEUR- OUEST.

Toujours dans le cadre de la recherche géologique, le Gouvernement de la République a signé aussi en janvier 2017 un contrat avec la société sud-africaine

X-Calibur sur la cartographie géophysique aéroportée et géologique sur certains blocs identifiés (Figure 5).

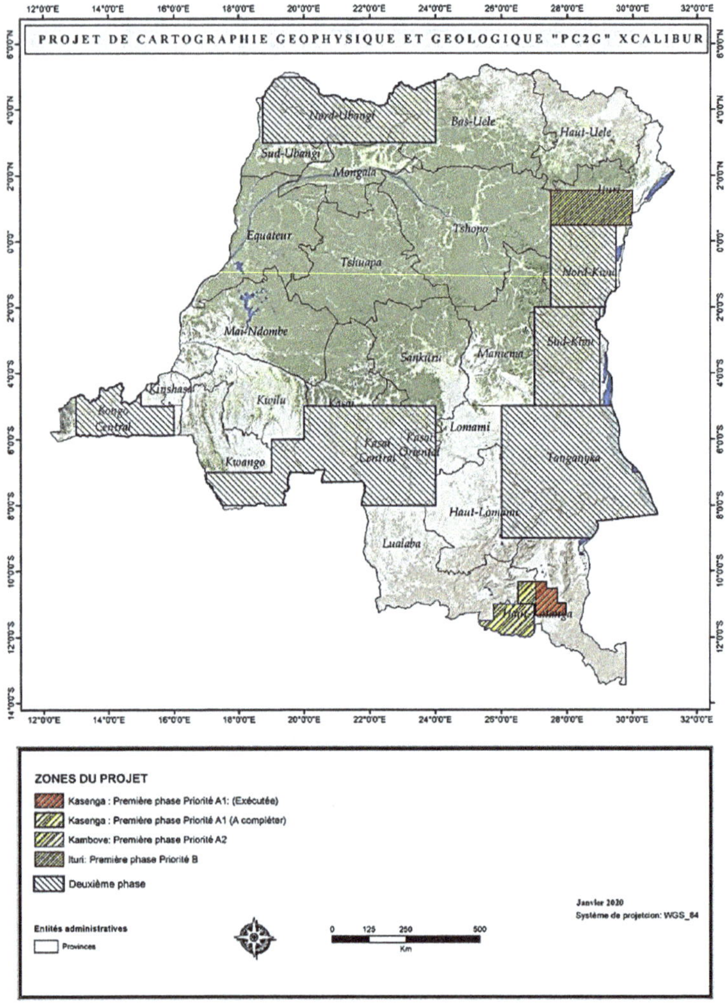

Figure 5- Projet de cartographie géophysique et géologique « PC2G » XCALIBUR

Des campagnes géophysiques aéroportées avaient déjà commencé dans le Haut-Katanga. Les travaux ont été stoppés depuis Décembre 2018 en attendant le paiement par le Gouvernement de la facture correspondant à l'acompte de 15 % du Volet Prioritaire A du Contrat de Référence, selon les conditions de l'Avenant

N°.1 au Contrat, signé le 23 Août 2019, avec le montant total de 9.548.346 USD. Le Volet Prioritaire B débutera juste après l'achèvement des travaux du volet Prioritaire A sous condition d'en discuter avec le Gouvernement pour approbation.

Comment résumer des maux retenus dans le domaine de la recherche géologique de la RDC ?

1.3.2. Résumé des maux retenus dans le domaine de la recherche géologique de la RDC

Depuis 2002, le problème de la poursuite de la recherche géologique est évoqué régulièrement mais malheureusement, l'état des lieux actuel révèle un constat amer sur le domaine géologique de la RDC :

- campagnes de recherches géologiques PROMINES dans les ZRG ayant donné des indices intéressantes mais arrêtées par manque de financement de la Banque Mondiale et le non-paiement de la quote-part de l'Etat ;
- grandes superficies du territoire national occupées par des ZRG retenus par l'Etat sans aucune étude géologique restent dormantes ;
- grande diversité des substances minérales dont les indices sont répartis sur l'ensemble du territoire national, mais moins documentés et étudiés ;
- insuffisance et pauvreté des données géologiques traduites notamment par un faible taux de couverture cartographique nationale (17 % au 1/500.000 et 14 % au 1/200.000) ;
- existence des gîtes minéraux non développés et des gisements insuffisamment documentés ;
- inefficacité des structures étatiques chargées de la recherche, notamment la Direction de Géologie, suite au manque de moyens financiers, d'équipements et d'infrastructures adéquates ;
- dispersion des données géologiques et minières entre les organismes étrangers, les sociétés minières locales et les services publics rendant leur accès difficile ;
- mauvaise application de certaines dispositions des Code et Règlement Miniers.

Quels sont les défis de la recherche géologique par l'État congolais ?

1.4. Défis de la recherche géologique par l'État congolais

Les principaux défis de l'État restent le financement des activités de la recherche géologique qui permettent l'amélioration de l'information géologique du territoire national, la promotion de cette information et l'application stricte de toutes les dispositions du Code Minier concernant les activités des recherches minières réalisées par les privés avec obligation de transmission des résultats obtenus avec des échantillons témoins. Les autres défis pour booster le développement du secteur des mines par l'information géologique sont :

- l'opérationnalisation effective du SGN-C ;
- la relance des activités de recherche des ZRG débutées depuis 2016 avec le projet PROMINES.

Aujourd'hui, c'est le FOMIN qui reste la clé de financement de tous les projets de recherche géologique de l'État congolais comme on peut le lire dans le Code et Règlement miniers. En effet, conformément à l'article 8bis du Code minier, il est autorisé au Premier Ministre de créer par Décret un service dénommé Fonds minier pour les générations futures. Les ressources du FOMIN sont constituées d'une quotité de 10 % de la redevance minière.

En application du Code Minier, nous avons signé en date du 25 Novembre 2019 avec le Premier Ministre Ilunga Ilunkamba, Chef du Gouvernement, le Décret n° 19/17 portant statut, organisation et fonctionnement d'un établissement public dénommé Fonds Minier pour les Générations Futures, en sigle « FOMIN » après avoir défendu ce dossier au Conseil des Ministres de l'urgence qui s'imposait pour appuyer les programmes de recherches géologiques, de développement d'infrastructures et de préservation des intérêts des générations futures.

Bien évidemment, le FOMIN est un Service Public qui est censé collecter, au nom de l'État congolais, cette partie de la redevance minière, à travers un compte séquestre frappé d'indisponibilité à toutes dépenses courantes comme repris à l'article 7 dudit Décret. Il faut comprendre par-là que toutes dépenses en exécution du programme s'inscrivant dans la préservation des intérêts des générations futures, notamment ceux prévus à l'article 2 dudit Décret doivent être soumises à l'approbation du Gouvernement à travers le Conseil des Ministres.

Conformément à l'article 2 du Décret, FOMIN a pour mission principale de constituer des richesses matérielles et/ou financières en nature ou en numéraire, pour garantir l'après-mine, en faveur des générations futures. Le législateur a donc décidé de collecter des fonds pendant que nous exploitons maintenant les ressources minérales pour financer des activités qui devront profiter plus pour les générations futures.

Pour relever les défis ci-haut, l'accent devra être mis sur la recherche des moyens pour soutenir la recherche géologique à travers les ZRG retenues par le Ministère des mines, les ZEA, les projets miniers des entreprises du portefeuille de l'État. A cela s'ajoute également le financement de toutes les activités du développement durable, y compris la restauration des sites miniers et la protection de l'environnement.

J'espère qu'avec l'opérationnalisation de FOMIN, le développement de notre secteur des mines sera rapide, voire le développement en général du pays sera effectif. Il faudra que les animateurs de ce service tiennent compte, dans leur gestion, de l'objectif recherché par le législateur en créant le FOMIN. Une bonne gestion de ces fonds collectés à partir des activités minières permettra de :

- relancer toutes les activités de recherche géologique profitables pour notre pays ;
- faciliter la promotion des connaissances géologiques mises à jour régulièrement ;
- faciliter la mise à la disposition des privés, par appels d'offre, des carrés miniers bien documentés ce qui sera une source d'argent ;
- pérenniser l'exploitation minière puisque certains résultats appelleront à des exploitations futures et profitera aux générations futures ;
- diversifier l'économie mais beaucoup plus vers les activités de développement durable (l'agriculture des vergers par exemple, le financement des infrastructures de production d'énergie verte….).

Que retenir des taux de couverture des activités minières ?

1.5. Taux de couverture des activités minières

Je parle des droits miniers et de carrières accordés dans le secteur minier de la RDC et des taux de couverture des activités minières.

1.5.1. Droits miniers et de carrières accordés dans le secteur minier de la RDC

Pour accéder à l'exploitation des substances minérales en RDC, l'État doit accorder au bénéficiaire, à travers le Ministère des mines, les droits miniers ou de carrières. Les différents droits miniers accordés avec leurs titres et leur durée de validité se présentent comme indiqué dans le tableau 2.

Tableau 2- Différents droits miniers et de carrières accordés dans le secteur minier de la RDC avec leurs titres et validité (Source : Code Minier)

Types de droit	Titre	Sigle	Validité
Permis de Recherches	Certificat de Recherches	PR	5 ans, renouvelable 1 fois de 5 ans
Permis d'Exploitation	Certificat d'Exploitation	PE	25 ans, renouvelable plusieurs fois de 15 ans
Permis d'Exploitation des Rejets	Certificat d'Exploitation des Rejets	PER	5 ans, renouvelable plusieurs fois de 5 ans
Permis d'Exploitation de la Petite mine	Certificat d'Exploitation de la Petite Mine	PEPM	10 ans y compris ses renouvellements
Autorisation de Recherche des produits de carrières	Certificat de Recherches des Produits de Carrières	ARPC	1 an, renouvelable 1 fois de 1 an
Autorisation permanente d'Exploitation des Produits de Carrières	Certificat d'Exploitation des Produits de Carrières	AECP	5 ans, renouvelable plusieurs fois de 5 ans

Je parle au point suivant des taux de couverture des activités minières.

1.5.2. Taux de couverture des activités minières

Le domaine minier concédé (Figure 6) ne représente qu'environ 11 % du Territoire National : (données du CAMI, Février 2021)

- 7 % correspondent aux projets d'exploration avec 1887 Permis de Recherches ;
- 4 % environ supportent les projets d'exploitation avec 947 Permis
- 549 Permis d'Exploitation ;
- 150 Permis d'Exploitation de Petite Mine ;
- 18 Permis d'Exploitation des Rejets ;
- 202 Autorisations de Recherche des Produits de Carrières (ARPC) ;
- 230 Autorisations d'Exploitation des Carrières Permanentes (AECP) ;
- 17 Carrières d'Utilité Publique (CUP).

Le total des droits miniers et de carrières actifs enregistré au Ministère des mines à la fin de 2020 est de 3053. Comme le montre la figure 6, tous ces droits miniers sont concentrés à l'Est et au Sud de la RDC. Les raisons comme dit ci-haut sont les maigres connaissances géologiques de notre pays qui continuent à guider les opérateurs miniers privés dans le choix des sites à étudier et/ou à exploiter.

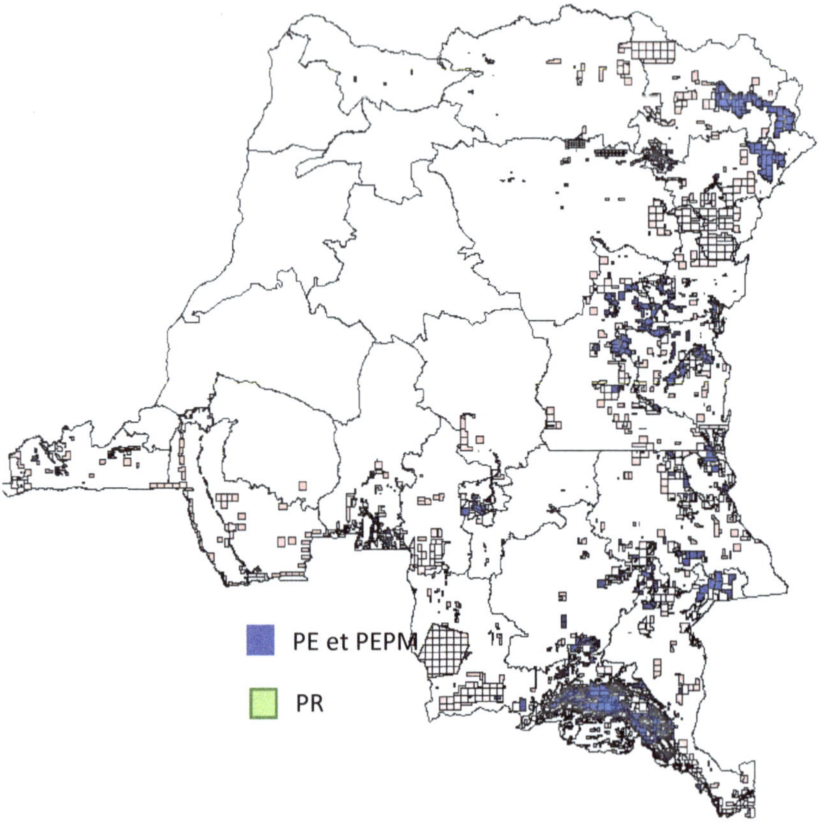

Figure 6- Droits miniers et de carrières octroyés

Le chapitre suivant parle de l'administration du code minier et gouvernance du secteur des mines.

Chapitre 2.

Administration du code minier et gouvernance du secteur des mines

Dans ce chapitre, j'ai trouvé bon de fixer le lecteur sur les grandes lignes de la loi minière en vigueur pour que nous ayons la même compréhension des textes qui vont suivre. C'est en comprenant l'administration du Code et la gouvernance du secteur des mines qu'il sera plus facile d'assimiler le fond des analyses faites ainsi que les décisions et recommandations formulées pour relever les défis du secteur des mines de la RDC.

Il est non seulement question de rappeler les points qui ont été développés lors de nos activités de vulgarisation du Code Minier réalisées de Novembre 2019 au 30 Septembre 2020, mais également de donner l'état des lieux de l'administration et des services du secteur des mines.

2.1. L'Administration du Code Minier

Avant toute chose, il importe de rappeler le rôle de l'État dans la loi minière en se référant aux dispositions de l'article 8 de la Loi n°007/2002 du 11 Juillet 2002 portant Code Minier telle que modifiée et complétée par la Loi n°18/001 du 09 Mars 2018, qui est de :

- promouvoir et réguler le développement du secteur minier ;
- assurer la mise en valeur des substances minérales dont il est propriétaire en faisant appel notamment à l'initiative privée conformément aux dispositions du Code Minier ;
- améliorer l'information géologique du pays.

Les intervenants dans le pays qui jouent un rôle important dans l'administration du Code Minier pour la réussite des activités du secteur des mines sont :

- le Président de la République qui promulgue la loi et dirige le Conseil des ministres au sein duquel les matières réglementaires sont discutées (articles 140 et 79 de la Constitution) ;
- le Premier Ministre et Chef du Gouvernement qui s'occupe des matières règlementaires (articles 92 de la Constitution et 9 du Code Minier) ;

- le Ministre des Mines et autres Ministres sectoriels (Économie, Commerce Extérieur, Finances, Affaires Sociales, etc.) ;
- le Gouverneur de province et les Ministres des mines provinciaux ;
- le Secrétariat Général, les services techniques et organismes spécialisés du Ministère des Mines.

Conformément aux dispositions de l'article 79 de la Constitution, le Président de la République est le premier Intervenant du Pouvoir Exécutif qu'il partage avec le Gouvernement. C'est lui qui détermine la politique générale du pays, y compris la politique minière qui n'est que le reflet de certaines dispositions de la Loi minière.

Au regard du régime politique en vigueur et en conformité avec les dispositions de l'article 9 du Code Minier, toutes les prérogatives jadis dévolues au Président de la République ont été attribuées au Premier Ministre, le Chef du Gouvernement. Ceci est conforme aux dispositions de l'article 92 de la Constitution de la République lesquelles stipulent que le Premier Ministre dispose du Pouvoir règlementaire et il est compétent pour :

- édicter ou modifier le Règlement Minier pour l'application du Code minier ;
- classer, déclasser ou reclasser les substances minérales en mines ou en produits de carrières et inversement ;
- confirmer la réservation d'un gisement soumis à l'appel d'offres faite par Arrêté du Ministre ;
- déclarer une substance minérale substance minérale stratégique ;
- décréter une zone interdite aux travaux miniers, à l'activité minière ou aux travaux de carrières ;
- déclarer le classement ou le déclassement d'une substance minérale en substance réservée ;
- délimiter ou classer une portion du territoire en aire protégée.

Le Ministre des mines est l'intervenant considéré comme la cheville ouvrière de la mise en œuvre des dispositions du Code Minier et ses mesures d'application au regard de ses prérogatives. Celles-ci sont définies et énumérées de manière exhaustive dans l'article 10 du Code Minier révisé. Par rapport au Code Minier de 2002, lequel n'avait retenu que quatorze attributions pour le Ministre, le législateur de 2018 en donne vingt-et-une dans le Code Minier révisé, dont j'énumère quelques-unes :

- octroyer ou refuser d'octroyer les droits miniers et/ou de carrières pour les substances minérales autres que les matériaux de construction à usage courant ;
- déchoir le titulaire, retirer les droits miniers et/ou de carrières, donner acte aux déclarations de renonciation aux droits miniers et/ou de carrières et acter l'expiration des droits miniers et/ou de carrières, conformément aux dispositions du présent Code ;
- instituer les Zones d'Exploitation Artisanale « ZEA » ;
- approuver les hypothèques minières ;
- exercer la tutelle des Services Publics spécialisés du Ministère des Mines ;
- réserver les gisements à soumettre à l'appel d'offres, à confirmer par le Premier Ministre , etc.

Les attributions du Gouverneur de Province ont été clairement définies sans préjudices des prérogatives lui reconnues notamment par la Loi sur la libre administration des Provinces et d'autres Lois en la matière, à l'article 11 du Code Minier et 15 du Règlement Minier.

Les attributions du Ministre Provincial en charge des Mines sont également définies dans le Code Minier révisé spécialement à l'article 11 bis, tandis que celles du Chef de Division Provinciale en charge des Mines et Géologie sont définies à l'article 11 ter du Code Minier et 13 du Règlement Minier.

La grande innovation est que les prérogatives autrefois reconnues au Gouverneur de Province et au Chef de Division sont aujourd'hui exercées par le Ministre Provincial en charge des Mines, entre autres la délivrance des cartes de négociant et celles de l'exploitant artisanal.

Le législateur de 2018 précise, à l'article 10 bis du Code Minier, les Services qui composent l'Administration des Mines. Celle-ci comprend le Secrétariat Général, les Directions, les Divisions et d'autres Services administratifs du Ministère en charge des Mines, y compris ceux qui interviennent dans l'administration du Code Minier et de toutes ses mesures d'application.

Le Secrétariat Général comprend 3 Directions Techniques qui sont chargées directement d'administrer le Code Minier et ses mesures d'application. Il s'agit de :

- la Direction de Géologie dont les attributions sont définies à l'article 9 du Règlement Minier ;
- la Direction des Mines : ses attributions sont largement définies à l'article 10 du Règlement Minier ;

- la Direction de Protection de l'Environnement Minier, en sigle DPEM : les attributions de cette Direction sont définies à l'article 11 du Règlement Minier.

Outre les Services de l'Administration des Mines et le Cabinet du Ministre, le Ministère des Mines compte en son sein des Services Techniques et Organismes spécialisés expressément cités à l'article 14 du Règlement Minier. Il s'agit du (de la) :

- Cadastre Minier « CAMI » ;
- Centre d'Évaluation, d'Expertise et de Certification des substances minérales précieuses et semi-précieuses « CEEC » ;
- Service d'Assistance et d'Encadrement de l'Exploitation Artisanale et à Petite Échelle « SAEMAPE » ;
- Cellule Technique de Coordination et de Planification Minière « CTCPM » ;
- Service Géologique National du Congo « SGN-C » ;
- Fonds Minier pour les générations futures « FOMIN » ;
- Autorité de Régulation et de Contrôle des Marchés des substances minérales stratégiques « ARECOMS ».

Le Cadastre Minier est un service public sous tutelle du Ministère des Mines chargé de la gestion du domaine minier ainsi que de celle des titres miniers et de carrières (Article 12 du Code Minier). Ses missions définies à l'article 2 du Décret n°17/005 du 03 Avril 2017, comprennent :

- l'inscription des actes prévus par le Code Minier dans les registres y afférents et/ou cartes de retombes minières ;
- l'instruction cadastrale des demandes d'octroi, d'extension, de renouvellement de mutation ou d'amodiation des droits miniers et/ou de carrières, la coordination de l'instruction technique et environnementale desdites demandes et la notification des avis des instructions minières aux personnes concernées ;
- la certification de la capacité financière minimum des requérants de droits miniers et de carrières de recherches ;
- la notification des décisions relatives aux droits miniers ou de carrières aux requérants intéressés ;
- la conservation des titres miniers et de carrières;
- l'inscription ou la radiation des périmètres miniers ou de carrières sur la carte cadastrale;

- l'émission des avis en cas de classement, de déclassement ou de reclassement d'une zone interdite ;
- l'authentification des actes d'hypothèque, d'amodiation ou de mutation de droits miniers et de carrières ;
- la perception, la gestion et, le cas échéant, la répartition des frais de dépôt et des droits superficiaires annuels par carré ;
- toutes autres opérations connexes ou accessoires aux activités ci-dessus et nécessaires à la réalisation de son objet social.

Le Centre d'Évaluation, d'Expertise et de Certification des substances minérales précieuses et semi-précieuses est un service public sous tutelle du Ministère des Mines créé par le Décret n°09/57 du 03 décembre 2009. Ce centre a pour objet (article 4 du décret n°09/57 du 03 décembre 2009) d'expertiser, analyser, évaluer et certifier en RDC :

- les substances minérales précieuses ;
- les substances minérales semi-précieuses et pierres de couleur ;
- les métaux précieux et semi-précieux et les métaux rares associés ou non aux métaux majeurs ferreux et non ferreux ;
- les substances minérales de production artisanale.

Le Service d'Assistance et d'Encadrement de l'Exploitation Artisanale et à Petite Échelle est un Service public sous tutelle du Ministère des Mines créé par le Décret n°17/009 du 04 Avril 2017. Il a pour objet (article 1, 46ter du Code Minier) l'assistance et l'encadrement de l'exploitation artisanale et à petite échelle des substances minérales. Nous pouvons noter quelques-unes de ses missions spécifiques :

- assurer la formation et apporter l'assistance technique et financière aux coopératives minières et aux exploitants du secteur de la Petite Mine ;
- assurer le suivi des flux des matières de la Petite Mine et de l'Artisanat Minier depuis la mine jusqu'au point de vente ;
- veiller après-vente au recouvrement de l'imposition forfaitaire due à l'État suivant les modalités et mécanismes fixés par l'Arrêté Interministériel des Ministres ayant les Mines et les Finances dans leurs attributions conformément à l'article 542 du Règlement Minier;
- inciter au regroupement des exploitants miniers artisanaux en coopératives minières

Les missions du SGN-C et du FOMIN sont données dans la section reprenant la recherche géologique. Quant à l'ARECOMS, les détails de ce service non encore opérationnel sont donnés dans le chapitre concernant l'activité artisanale.

Que retenir de la gestion du domaine et des titres miniers ?

2.2. La gestion du domaine et des titres miniers

La gestion du domaine minier est parmi les actions prioritaires pour une bonne gouvernance du secteur des mines : connaître les assujettis, les périmètres miniers des droits concédés, les ZEA, le respect des exigences des droits miniers et de carrières conformément à la loi, c'est-à-dire les opérations effectuées sur les périmètres définis par ces droits miniers et/ou de carrières, la validité des droits et les contrats miniers. Sur ce point, il existe quelques cas de fraudes à signaler, à savoir :

- activité d'exploitation minière avec commercialisation des minerais sur des PR ;
- superposition des droits miniers et/ou de carrières ;
- exploitation minière sur des terrains couverts uniquement par des droits fonciers ;
- non-paiement des droits superficiaires ;
- non-déchéance des titres non valides et même tombés caduques ;
- non-respect de la loi minière dans l'octroi de certains titres, le cas des transformations des PE retirés en PR au lieu de passer par des appels d'offres ;
- cas de force majeure perpétuels devenant des titres dormants et entraînant un manque à gagner pour l'État ;
- beaucoup de ZEA non conformes à la loi par rapport à la superficie.

Il faudra donc améliorer la gouvernance du secteur des mines en assainissant le Cadastre Minier. Cet assainissement passe par :

- la clarification des listes des cas de force majeure ;
- la mise à jour des ZRG retenues par l'État pour ses recherches des gisements exploitables avec le SGN-C seul ou en partenariat avec les privés sous financement partiel ou total du Fonds Minier pour les Générations Futures FOMIN ;
- le respect des procédures d'octroi et déchéance des titres ;
- le respect des appels d'offre pour l'octroi des PE récupérés par l'État, comme le cas du gisement de Lueshe (PE 116) qui est en cours de négociation ;

- la mise à jour de tous les titres miniers en statut de déchéance pour assainir la liste des titres miniers et diminuer les recours ;
- la poursuite de la vulgarisation de la loi minière en vigueur en collaboration avec le Secrétariat Général et la CTCPM ;
- l'institution, la formalisation et la mise en conformité des ZEA.

Il est important de rappeler la transparence et la gouvernance du secteur des mines.

2.3. Transparence et gouvernance du secteur des mines

Les principaux traits de la gouvernance du secteur minier en RDC reposent sur les critères ci-après découlant de l'article 32 du Code Minier.

Il s'agit notamment de :

- la transparence ;
- l'efficacité ;
- l'objectivité ;
- la stabilité ;
- la rentabilité ;
- la sécurité des investissements.

Plus spécialement, l'article 7 ter du Code Minier dispose : « des mesures légales ou réglementaires particulières sont édictées en application des normes nationales, régionales et internationales en matière de transparence dans l'industrie minière, de traçabilité et de certification des substances minérales, notamment la divulgation et la publication des contrats et des bénéficiaires réels des actifs miniers ainsi que les déclarations de tous les impôts, taxes, droits et redevances dus et payés à l'État ».

Cet article découle des engagements internationaux du pays fondés d'une part, sur la transparence de la collecte, de la gestion ainsi que de l'affectation, par les pouvoirs publics, des recettes fiscales, douanières et parafiscales du secteur minier et, d'autre part, sur la nécessité de rompre le lien entre l'exploitation minière et les conflits armés.

Pour rappel, en application de l'article 7 ter du Code Minier, notre pays a adhéré aux principes de l'Initiative pour la Transparence des Industries Extractives, ITIE en sigle, et à la norme internationale de Transparence dans les industries extractives. C'est aux articles 25 bis à 25 octies du Décret n°038/2003 du 26 mars 2003 portant règlement minier tel que modifié et complété par le Décret n°018/024 du 08 juin 2018 que l'on trouve les directives sur l'engagement formel du Gouvernement, des services du Ministère des mines et des opérateurs miniers sur la transparence dans les industries extractives, de traitement et/ou de transformation ainsi que dans l'exploitation minière artisanale.

Par la notion de transparence, on entend un ensemble de règles, mécanismes et pratiques rendant obligatoires les déclarations et les publications, de la part de l'État et des entreprises notamment des revenus des exploitations et des transactions minières, des statistiques de production et de vente des contrats et des propriétaires réels des actifs miniers, des données sur l'allocation des ressources provenant du secteur minier, des données résultant des obligations relatives aux procédures d'acquisition et d'aliénation des droits miniers ou de carrières. Mais malheureusement, beaucoup d'acteurs du secteur des mines violent ces règles. Lors des contrôles de routine minière, il est constaté de fois des tricheries opérées par certains miniers, en complicité avec des agents des services des mines, dans les statistiques de production pour diminuer les frais à payer à l'État telle que la redevance minière calculée sur base de cette production.

L'autre exemple que je peux citer est la gestion opaque des régies financières de l'État et des directions des recettes provinciales sur tout ce qu'il y a comme redevances, impôts et taxes perçus dans le secteur des mines. Ce constat amer a été confirmé pendant mon mandat au Ministère national des mines dans les rapports des audits menés par les services des mines et le tout dernier rapport assoupli de l'ITIE, qui présentait les déclarations des productions et revenus de toutes les parties prenantes dans le secteur des mines de 2018 au 1er semestre 2020 (Rapport ITIE RDC, 2021). Ce dernier rapport indique que les chiffres des paiements des redevances minières déclarés dans les provinces sont inférieurs à ceux qui sont déduits par calcul à partir des notes de débit et même à partir de ce qui est perçu dans le Trésor Public.

Je rappelle aux lecteurs qu'avant le Code Minier de 2018, les sociétés minières payaient la redevance directement au Gouvernement central qui devait ensuite reverser une part aux provinces et aux entités territoriales décentralisées. Et en réalité, ce transfert était rarement exécuté et souvent en retard et partiellement de sorte qu'il subsistait beaucoup de conflits entre les provinces et le Gouvernement central. Cette question a été réglée avec l'article 240 du nouveau Code Minier qui exige que la redevance minière soit versée par le titulaire du droit minier d'exploitation directement dans les comptes des bénéficiaires à raison de :

- 50 % acquis au Pouvoir central ;
- 25 % versés sur un compte désigné par l'administration de la province où se trouve le projet ;
- 15 % sur un compte désigné par l'Entité Territoriale Décentralisée (ETD) dans le ressort de laquelle s'opère l'exploitation ;

- 10 % au Fonds Minier pour les Générations Futures (FOMIN).

De plus, les fonds versés aux Entités administratives décentralisées sont affectés exclusivement à la réalisation des infrastructures de base d'intérêt communautaire.

En analysant les données du tableau 3 établies par l'ITIE RDC (2021), nous constatons que les montants déclarés en provinces sont largement inférieurs à ce qui se déduit des montants perçus par le Trésor Public, et pourtant, les services taxateurs sont les mêmes en provinces sauf les services percepteurs. Chaque province a sa régie financière autonome. Ces écarts ne peuvent donc se justifier que par le non-paiement des redevances par les opérateurs miniers, en ce qui concerne les quotes-parts dues à la province ou par la fraude non déclarée. En effet, quand les services des mines contrôlent les sociétés minières et même lorsqu'on analyse leurs déclarations au niveau de l'ITIE RDC, leurs chiffres indiquent que ces dernières paient régulièrement et au même moment toutes les quotités prévues par la loi minière.

Le rapport de l'ITIE montre que les paiements des 15 % de la redevance des ETD et des 10 % de FOMIN sont les plus ignorés. Le rapport assoupli mentionné ci-haut a identifié qu'au 1er semestre 2020 31 sociétés n'ont pas payé cette obligation de versement de 10 % de la redevance pour FOMIN comme repris au tableau 4.

Tableau 3- Écarts constatés dans la perception des quotités de la redevance minière

ECHELON DE PERCEPTION	Recettes attendues en fonction de la quotité revenant au Trésor public (millions USD)	Recettes réalisées (millions USD)	Écarts (millions USD)
50 % Trésor Public	649,98	649,98	
25 % Provinces	324,99	221,78	103,21
15 % ETD	194,99	49,44	145,55
10 % FOMIN	129,99	Non ventilées	

Tableau 4- Entreprises n'ayant effectué aucun paiement au titre de FOMIN selon le rapport assoupli de l'ITIE RDC (2018- 1er semestre 2020)

N°	Raison sociale /sigle	Localisation
1	AMC Anvil Mining Congo	Haut-Katanga
2	ERG Boss Mining	Lualaba
3	CNMC Congo Compagnie	Haut-Katanga
4	CNMC H. Mabende	Haut-Katanga
5	COMMUS Compagnie Minière de Musonoi	Lualaba
6	CDM Congo Dong Fang Mining	Haut-Katanga
7	CJCM Congo JinJun Cheng Mining	Lualaba
8	Frontier SA	Haut-Katanga
9	GECAMINES Générale des Carrières et des Mines	Haut-Katanga, Lualaba
10	Golden Africa Resources	Haut-Katanga
11	Huachin Metal Leach	Haut-Katanga
12	Kamoto Copper Company	Lualaba
13	Kibali Gold	Haut Uele
14	Kisanfu Mining	Lualaba
15	Kisenda Copper Company	Haut-Katanga
16	Metal Jaiya Technology	Haut-Katanga

17	Metal Mines	Haut-Katanga
18	Metalkol	Lualaba
19	Mineral and Metal Resources	Tanganyika, Haut-Katanga
20	Minière de Kasombo	Haut-Katanga
21	Minière de Kalubwe Myunga	Lualaba
22	MMG Kinsevere	Haut-Katanga
23	MPC Mining and Processing Congo	Haut-Katanga
24	MUMI Mutanda Mining	Lualaba
25	Namoya Mining	Maniema
26	OM Metal	Haut-Katanga
27	Rubamin	Haut-Katanga
28	SMCO Shituru Mining Corporation	Haut-Katanga
29	SEK Société d'Exploitation de Kipoi	Haut-Katanga
30	SOMIKA Société minière du Katanga	Haut-Katanga
31	Twangiza Mining	Sud-Kivu

Concernant les frais de la redevance de 15 % destinés aux ETD, les états des lieux faits par le Gouvernement Ilunga Ilunkamba ont montré qu'il y avait beaucoup de problèmes en provinces par manque d'autorité compétente pour leur gestion. Certaines provinces en ont même profité pour confisquer cette gestion totalement en transférant illégalement une partie de l'argent perçu pour les ETD. Cette décision est contraire aux dispositions du Code Minier. Sans un texte complémentaire sur les directives à prendre, nous continuons à enregistrer des frustrations. Et même lorsque ces frais partiels sont payés, ces fonds sont mal gérés par les chefs coutumiers dans les chefferies ou par les bourgmestres dans les communes des villes ou par le maire dans les villes minières de sorte que le développement local attendu se trouve bloqué.

Autre problème constaté pendant mes enquêtes sur terrain est le conflit dans la répartition de ces frais en cas de chevauchement des ETD et/ou de celui opposant les villes aux communes. C'est le cas de la ville de Lubumbashi avec les communes de Ruashi, Kampemba, Lubumbashi et la commune annexe. Le même problème se pose dans la ville de Likasi avec les communes de Shituru et Panda et dans la ville de Kolwezi avec les communes de Dilala et Manika.

Le Gouvernement Ilunga Ilunkamba avait été informé par les Organisations de la Société Civile de ces tensions permanentes qui croissent dans les provinces pour la gestion de ces frais destinés au financement des infrastructures des ETD. D'ailleurs, même certains médias internationaux, tel que Paix et justice de la Belgique (2019), avaient prévenu que le versement de ces fonds sans un accompagnement solide et la mise en place des structures institutionnelles adéquates poserait un problème de contrôle relatif à la destination réelle de cet argent.

Le Gouvernement s'était donc rendu compte de la nécessité de l'ordre dans la gestion et le contrôle de l'utilisation des fonds issus de la redevance minière, dont bénéficient les ETD pour que ces fonds puissent réellement servir au financement des projets de développement de ces entités. A l'époque, nous avions, avec le Ministre de la Décentralisation, réfléchi et proposé un texte complémentaire sous forme d'arrêté interministériel après la récolte des données issues des enquêtes menées sur terrain et les échanges avec les autorités des provinces et celles des ETD concernées dans les provinces minières du Haut Katanga, Lualaba, Nord Kivu et Haut-Uélé. Le 18 Novembre 2020, le même dossier a été discuté à la 4ème édition de la conférence Alternative Mining Indaba/RDC de Lubumbashi organisée par SARW. A cette conférence, où plusieurs points ont été traités concernant les activités du ministère des mines en RDC comme l'indique le discours d'ouverture à l'annexe C, nous avons réfléchi entre autre sur les mécanismes d'applicabilité du Code Minier en ce qui concerne les questions liées à la perception et à la répartition de la redevance minière au bénéfice du Gouvernement central, des provinces ainsi que des populations impactées par les activités minières.

Au mois de Septembre 2020, un projet d'Arrêté Interministériel Mines-Décentralisation-Finances a été soumis à la Commission des lois du Gouvernement pour examen en vue de sa transmission aux délibérations du Conseil des Ministres. Dans ce texte, il est, d'une part, fixé les modalités pratiques de gestion et de contrôle des quotités de la redevance minière versées aux Provinces et aux ETD. D'autre part, le texte décrivait la répartition desdites quotités en cas de chevauchement des ETD en vue d'une gestion efficiente et transparente. Malheureusement, ce texte pourtant accepté, après amendement à la Commission des lois du Gouvernement, n'avait pas évolué jusqu'au Conseil des Ministres et c'est ainsi que les problèmes de la gestion chaotique sans suivre la loi minière persistent dans presque toutes les provinces minières.

Je parle dans les pages qui suivent de l'intervention sur la traçabilité et certification de l'origine des substances minérales.

2.3.1. Intervention sur la traçabilité et certification de l'origine des substances minérales

Cette notion légale dans sa deuxième dimension repose sur deux concepts à savoir, la traçabilité et la certification de l'origine des substances minérales. Il sied de noter que la traçabilité est comprise dans la certification en vertu de l'article 2 point 9 quater du Code Minier. Celui-ci définit la certification comme étant l'ensemble de mécanismes, procédures et procédés visant à établir la nature, les caractéristiques physiques et/ou chimiques, l'origine et la provenance légale et licite des substances minérales, et ce, conformément aux normes nationales, régionales et internationales en la matière, prenant en compte à la fois le suivi et la traçabilité des substances minérales tout au long de la chaine d'approvisionnement.

En fait, la certification comprend la détermination :

- d'une part, des caractéristiques physiques et/ou chimiques des substances minérales et;
- d'autre part, de l'origine et de la provenance légale et licite des substances minérales en conformité avec les normes nationales, régionales et internationales.

Pour limiter à l'Est de notre pays la fraude et la contrebande minières du coltan et de l'or et éviter un embargo de nos minerais à cause des conflits et des violations des droits humains, la RDC s'est lancée, depuis 2011, à mettre en œuvre des systèmes de traçabilité et/ou de certification des minerais. A cette période, le Ministère des Mines avait mis à la disposition de tous les intervenants du secteur minier la Note-Circulaire n°0002/CAB.MIN/MINES/01/2011 du 06

Septembre 2011 relative à l'application obligatoire des directives et recommandations du Guide de l'OCDE sur le devoir de diligence et la Résolution 1952 (2010) du Conseil de Sécurité de l'ONU dans le secteur minier Congolais.

Le Guide OCDE sur le devoir de diligence pour des chaînes d'approvisionnement responsables en minerais provenant de zones de conflit ou à haut risque a été élaboré avec objectif de préciser la manière dont les entreprises peuvent respecter les droits humains et de fournir des orientations pratiques visant à éviter toute implication dans des conflits. Il vise aussi à favoriser des chaînes transparentes d'approvisionnement en minerais et un engagement durable des entreprises dans le secteur des industries extractives en vue de permettre au pays de tirer parti de leurs ressources minérales et d'empêcher que l'extraction et le commerce des minerais ne soient une source de conflit, d'atteintes flagrantes aux droits humains et d'insécurité. A travers ce guide, des mesures sont suggérées pour donner aux mineurs artisanaux et à petite échelle un environnement règlementaire encourageant une production d'or responsable et ne contribuant pas au conflit : (OCDE, 2016)

- évaluation des sites d'exploitation conformément aux normes du guide OCDE sur le devoir de diligence ;
- formalisation et légalisation des opérations ;
- évaluation des plaques tournantes du négoce et dressage régulier des cartes des itinéraires de transport ;
- mise en place des systèmes de traçabilité et/ou chaînes de responsabilité qui garantissent la sécurité des expéditions et permettent la collecte de données sur l'ensemble de l'or provenant de sites de mines évalués ;
- fourniture d'un soutien financier aux i) commissions multipartites pour l'évaluation des sites des mines, des itinéraires de transport et des points où l'or est négocié ; et ii) mécanismes de chaînes de responsabilité et/ou de traçabilité ;
- promotion des programmes et y prendre part pour commercialiser directement et de façon concurrentielle l'or de l'EAPE provenant de sites de mines évalués ;
- soutien de la mise en place d'un mécanisme de réclamation
- promotion de la coopération entre les autorité douanières des pays exportateurs et importateurs.

Depuis notre adhésion à l'OCDE, le Gouvernement a introduit dans l'exploitation minière plusieurs systèmes de certification et traçabilité qui prônent le respect des droits humains et la lutte contre le travail des enfants dans le secteur minier artisanal en RDC. A ce jour, les systèmes ITSCi, GeoT, ITOA et CTC sont les plus utilisés dans le sous-secteur artisanal de l'exploitation de l'or et du coltan. Je reviens en détails sur ces systèmes de traçabilité dans les stratégies et mécanismes mis en œuvre pour la lutte contre la fraude et la contrebande minières.

De même, pour limiter l'exploitation illégale de certaines pierres précieuses et du diamant, notre pays a adhéré à une des règlementations internationales connue sous le nom de Certification du Processus de Kimberley. Ce système a été mis au point par plusieurs pays de l'ONU et assure la transparence dans la provenance des pierres de valeur et du diamant convoités par des groupes armés.

Quelles sont les sanctions en cas de violation des dispositions légales ?

2.3.2. Sanctions en cas de violation des dispositions légales

J'évoque les sanctions administratives, pénales et la répression de la fraude par une action multipartite.

2.3.2.1. Sanction administrative

La première sanction encourue par l'opérateur minier qui ne respecte pas les mécanismes de traçabilité et certification de l'origine des substances minérales est administrative : le CEEC, en tant qu'autorité de certification, ne peut établir et délivrer le certificat d'origine pour couvrir l'exportation des substances minérales non tracées.

Après les sanctions administratives, il me faut signaler celles pénales.

2.3.2.2. Sanctions pénales

La personne qui enfreint aux dispositions légales peut être poursuivie du chef de l'une ou l'autre sanction ressortant du régime pénal du Code Minier. Les dispositions pénales réprimant la fraude minière ressortent des articles 299 à 311 quater de la Loi N° 007/2002 du 11 juillet 2002 portant Code Minier telle que modifiée et complétée par la Loi N°18/001 du 09 mars 2018. Avec le Code Minier de 2002, nous n'avions qu'onze articles se rapportant aux sanctions pénales dues à la fraude minière. En 2018, le législateur a renforcé les sanctions en passant de onze à dix-neuf articles. De l'examen de ces différentes dispositions, il ressort que les infractions retenues répriment les contraventions aux prescriptions impératives se rapportant :

- aux différentes phases du processus minier ;
- à la protection des services en charge de l'administration du Code Minier ;
- aux règles de transparence, de traçabilité et de certification.

La fraude peut être réprimée par une action multipartite, c'est l'objet des pages qui suivent.

2.3.2.3. Répression de la fraude par une action multipartite

Compte tenu de la complexité de la fraude minière dans notre pays, l'approche d'une action multipartite fondée sur la synergie des 17 services publics impliqués d'une manière ou d'une d'autre à la constatation et à la répression des infractions a été adoptée avec la création de la Commission Nationale de Lutte contre la Fraude Minière, en sigle CNLFM. Le Règlement Minier, en son article 25 vecies ter, a retenu la mise en place de cette commission. La CNLFM a été instituée par l'Arrêté Interministériel n° 0719 /CAB.MIN/MINES/01/2010 et n° 140/CAB.MIN/ INT.SEC/2010 du 20 octobre 2010. Ses détails sont donnés au chapitre qui concerne l'activité artisanale à la section se rapportant à la fraude minière.

Comment contrôler et faire le suivi des activités minières industrielles et artisanales ? Cette question est traitée dans les pages qui suivent.

2.4. Contrôle et suivi des activités minières industrielles et artisanales

L'activité minière est la plus importante de l'économie de notre pays puisque contribuant à plus de 50 % de manière directe et indirecte aux recettes mobilisées par le Trésor Public. Une des tâches importantes du Ministère des Mines reste le contrôle et le suivi de toutes les opérations minières du pays. Ce travail est effectué régulièrement par tous les Services de l'Administration des mines et les Services Spécialisés du Ministère des mines tels que la CTCPM, le CAMI, le SAEMAPE et le CEEC. Chaque semaine, le Ministère collecte toutes les informations du secteur venant de toutes les provinces de notre pays dont les plus importantes sont présentées hebdomadairement au Gouvernement.

Pour donner une idée sur les données collectées, les statistiques provisoires à fin Décembre 2020 ont montré que les exportations ont été estimées à 1.587.459,35 tonnes de cuivre et 85.855,6 tonnes de cobalt. Depuis le mois de Janvier 2021, le pays a exporté une moyenne par semaine qui varie entre 22.000 et 34.000

tonnes pour le cuivre sous forme de cathodes, entre 14.000 et 28.000 tonnes de cuivre sous forme de concentrés et entre 4.500 et 7.400 tonnes de cobalt sous forme d'hydroxydes. Avec ces exportations enregistrées au Haut-Katanga et au Lualaba, les services des mines ont enregistré des redevances minières constatées et liquidées chiffrées entre 13.000.000 et 17.000.000 USD par semaine.

Depuis Janvier 2021, les prix des métaux ont connu une hausse monotone qui a fait passer le cuivre de 7.795 USD/tonne la première semaine de Janvier 2021 à environ 9.600 USD/tonne à la date du vendredi 26 Février 2021. Le cobalt est passé de 32.000 USD/tonne la première semaine de Janvier 2021 à 52.000 USD/tonne à la date du vendredi 26 Février 2021.

L'embellie des cours des métaux a été bien accueillie dans le milieu des opérateurs miniers de la RD Congo qui décidèrent d'accélérer les projets miniers en cours. A ce propos, pour l'année 2021 deux projets importants sont à signaler dans le secteur des mines. Il s'agit du projet de l'usine métallurgique de COMIKA à Kambove dans le Haut-Katanga qui permettra de transformer sur place les concentrés cupro-cobaltifères exportés jadis et du projet KAMOA COPPER au Lualaba.

L'autre chose à signaler est que cette embellie des cours des métaux permettrait la relance des exploitations minières perdues au cours des années 2019 et 2020 pour des raisons ci-après :

- l'épuisement des minerais oxydés sur lesquels les projets métallurgiques étaient montés ;
- la chute des cours des métaux et principalement celui du cobalt.

Il est bien entendu que le boom minier qu'a connu la RDC après la promulgation de la loi minière de 2002 a commencé avec l'exploitation de la partie supérieure des gisements contenant des minerais oxydés. Avec des gisements miniers de pendage variant entre 40 et 70 degrés, les minerais oxydés deviennent de plus en plus rares laissant à la place des minerais mixtes oxyde-sulfures et/ou totalement sulfurés à plus de 30 mètres de profondeur, avec des variations locales qui dépendent de la profondeur de la zone de balancement de la nappe d'eau souterraine.

Ce constat a été fait sur quelques gisements du Haut-Katanga et du Lualaba comme Mukondo et Bangwe exploités par le groupe ERG/Boss Mining, les gisements de l'Etoile de Ruashi Mining et CHEMAF, du gisement principal de MUMI du groupe GLENCORE et tout récemment, du gisement de KINSEVERE de la société MMG. Notons aussi que dans le secteur aurifère, la Société Kibali Gold Mines a connu, presqu'à la même période, l'épuisement des oxydes et a envisagé le passage aux minerais sulfurés. Sans changement de technologie, le rendement de lixiviation du cuivre diminue sensiblement suite à l'insolubilité des sulfures qui apparaissent dans l'alimentation de l'usine métallurgique et les rejets obtenus non épuisés en métaux de valeur augmentent par leur composition le risque de production de DMA (Drainage Minier Acide) dans les tailings ou stocks de rejets (Benzazoua, 2003 ; Kitobo et al., 2007 ; Kitobo, 2009 ; Lessard, 2018).

Suite à l'apparition des sulfures devenant techniquement moins rentable suite à la diminution du rendement de récupération des métaux et l'apparition des problèmes environnementaux inexistants dans l'exploitation des minerais oxydés (acidification des mines et des eaux d'exhaure, corrosions des pompes et tuyaux d'exhaure, drainage des eaux acides sur les tailings), certaines sociétés ont trouvé bon d'arrêter l'exploitation de ces mines : le cas de CHEMAF et Ruashi Mining à la mine de l'Etoile, de SEK/KIPOI, de MUMI et MMG/KINSEVERE.

Bien entendu, les gisements étant importants, la plupart de ces sociétés étudient les voies alternatives de valorisation des parties sulfurées qui se situent dans les zones profondes de leurs gisements. La solution la plus simple à adopter étant la flottation des sulfures pour vendre les concentrés mais avec l'exigence de la loi minière de la transformation sur place, le défi reste le déficit énergétique du secteur des mines puisque la transformation des sulfures l'accentuera de plus en plus.

L'État congolais espère que cette tendance haussière des cours des métaux maintiendra les prix à un niveau haut pour donner plus de moyens aux opérateurs miniers pour financer ces projets de traitement des minerais sulfurés et même financer des infrastructures de production de l'énergie.

Quels sont les défis majeurs de la gouvernance du secteur des mines en RD Congo ? C'est l'objet de mon point suivant.

2.5. Défis de la gouvernance du secteur des mines

Pour améliorer la gouvernance dans le secteur des mines, il faudra :

- bien vulgariser la loi minière et veiller à son application stricte par toutes les parties prenantes ;
- améliorer le climat des affaires par le dialogue permanent entre les opérateurs miniers et l'État congolais ;
- respecter les engagements pris dans les contrats miniers en respectant les clauses de stabilité ;
- restructurer et renforcer la gouvernance au sein de l'Administration et les services des mines ;

- renforcer les capacités et la formation continue des agents de l'Administration et services des mines ;
- mettre en application les sanctions prévues dans le Code Minier en cas de manquement aux obligations par les miniers ;
- sanctionner les agents qui favorisent la fraude minière en manipulant les données de contrôle des activités minières et ceux qui sous-évaluent les produits miniers marchands au niveau des services ;
- l'informatisation de toute l'Administration et des services des mines en les mettant en réseau avec le Ministère des mines pour plus de transparence des données collectées (Production, analyses de contrôle, notes de débit émises,...) ;
- améliorer les échanges d'informations entre le Ministre national des mines, les provinces et les ETD dans le cadre des activités minières gérées localement conformément au Code Minier ;
- régler les conflits de compétence entre les services des Ministères dans la traçabilité des produits miniers de l'extraction à l'exportation.

Les pages qui suivent ont pour matrice l'exploitation minière industrielle.

Chapitre 3.

Exploitation minière industrielle

Ce chapitre a pour pierre de touche l'exploitation minière industrielle. Je parle de l'importance de l'activité minière industrielle à l'économie du pays, de son exploitation, des entreprises minières actives en 2020-2021, des projets miniers en court d réalisation, de l'état des lieux de certaines exploitations minières industrielles, des éventuels maux et défis en lien avec ce secteur et avec les activités des entreprises minières du portefeuille de l'État.

3.1. Importance de l'activité minière industrielle à l'économie du pays

Depuis des années, le secteur minier est l'épine dorsale de l'économie congolaise. Pour preuve, la contribution du secteur minier au Produit Intérieur Brut « PIB » était de 29,2 % en 2017, de 32,3 % en 2018 selon les données provisoires de la BCC et 28,7 % selon les données de l'ITIE présentées à l'annexe B. De ce dernier document, on note que les exportations des produits miniers et des hydrocarbures se sont chiffrées en 2019 à 14.919,7 millions de dollars américains, soit 99,3 % des exportations totales, contre 15.826,8 millions représentant 99,1 % en 2018, sur fond d'une baisse des cours des matières premières au niveau mondial.

Le cuivre et le cobalt sont les porte-étendards de la contribution économique du secteur minier. A eux seuls, ils ont contribué pour 25,4 % du PIB en 2017, à raison de 16,5 % pour le cuivre et 8,9 % pour le cobalt ; et pour 29,3 % du PIB en 2018, à raison de 15,8% et 13,5 % respectivement pour le cuivre et le cobalt.

Il convient de signaler que, depuis 2002, la production minière de la RDC augmente régulièrement, notamment pour ce qui concerne le cuivre et le cobalt, qui ont atteint à fin Décembre 2021, respectivement près de 1.798.000 tonnes et 93.000 tonnes d'après les données statistiques de la CTCPM.

Le secteur minier est donc stratégique pour notre pays, le cuivre et le cobalt sont critiques pour l'économie congolaise. Le sous-secteur minier industriel est celui qui apporte plus de recettes au pays de plusieurs manières. Il y a des paiements directs faits par les sous-traitants du sous-secteur minier industriel et les titulaires des droits miniers ou de carrières, propriétaires des concessions minières et entités de traitement sous forme d'impôts, taxes, droits et redevances et autres prélèvements parafiscaux à percevoir au profit du pouvoir central, des provinces et autres entités décentralisées. Toutes ces taxes sont énumérées dans le Code Minier en vigueur à l'article 220. Il y a des autres paiements qui passent par des services du Ministère des mines (CAMI pour les droits superficiaires et CEEC pour la certification des produits miniers marchands) et la douane sous forme de taxes et services rendus. A côté de cela, il faut signaler que l'activité minière industrielle s'accompagne de plusieurs autres activités économiques connexes et de sous-traitance qui brassent des sommes importantes de devises. Pour aider le pays à la stabilisation de sa monnaie, le Code Minier oblige les opérateurs du secteur à rapatrier 60 % des recettes des exportations de leur produits miniers marchands, conformément à l'article 269 de la même loi.

L'autre point positif à signaler de l'activité minière industrielle est la création d'emplois et le développement des infrastructures de base telles que les infrastructures de transport comme les routes, les chemins de fer, les pistes d'aviation et les infrastructures d'électricité comme les barrages hydroélectriques et les lignes de transport et de distribution d'électricité. C'est avec le développement des infrastructures de base que la plupart des grandes villes de l'Est de notre pays sont nées. Je peux donner l'exemple des grandes villes de la région de l'ex-Katanga comme Lubumbashi, Likasi, Kolwezi et même Kasumbalesa et Fungurume qui se sont construites avec les recettes des exploitations minières de cuivre, cobalt et zinc avant l'avènement du Code Minier de 2002 grâce à la GECAMINES et la SODIMICO et après la promulgation du Code Minier grâce à la contribution des opérateurs miniers privés venus en nombre opérer en Joint-Venture avec les deux sociétés étatiques précitées. Je peux évoquer aussi le cas de la ville de Kisangani dans l'ex province Orientale, qui s'est développée autour des activités des mines d'or de SOKIMO, les villes de Goma et Bukavu dans la région de l'ex-Kivu autour des activités des mines d'étain et d'or de SAKIMA (ex SOMINKI).

Que dire de l'exploitation minière industrielle ?

3.2. Exploitation minière industrielle

Comme signalé ci-haut, l'exploitation minière commence par l'extraction des minerais dans une mine à ciel ouvert ou souterraine. En RDC, nous avons plus de mines à ciel ouvert exploitant essentiellement des minerais oxydés que des mines souterraines où dans la majorité des cas, les minerais extraits sont des sulfures.

La mine souterraine la plus profonde aujourd'hui est celle de Kipushi reprise par KICO, partenaire de la GECAMINES. C'est une mine polymétallique riche en cuivre et zinc. Les autres grandes mines que je peux citer sont la mine souterraine de Kamoto où sont exploités des minerais cupro-cobaltifères par la société KCC, la mine souterraine de Kinsenda où sont extraits des minerais sulfurés de cuivre par la société KICC, les mines souterraines de Kasonko et Kakula où sont extraits des minerais sulfurés de cuivre par la société KAMOA COPPER, la mine souterraine de Kibali où est extrait de l'or des minerais sulfurés de fer par la société KIBALI GOLD MINES. Quelques détails techniques donnant les caractéristiques des mines de KAMOA-KAKULA développées ces dix dernières années sont donnés à l'annexe D.

Statistiquement, l'ensemble des activités d'exploitation minière industrielle de notre pays est concentré au Haut-Katanga et au Lualaba sur les minerais oxydés, cuprifères et cupro-cobaltifères contenant essentiellement la malachite, l'azurite, la pseudomalachite et l'hétérogénite. Une partie seulement des minerais sulfurés est traitée mais pas transformée totalement. Ces minerais sont transformés :

- en métal pour le cuivre par la voie hydrométallurgique utilisant les processus de lixiviation acide des minerais oxydés ou des sulfures grillés suivi de l'extraction par solvant et électrolyse après strippage du raffinat (majorité des cas);
- en cuivre blister par la voie pyrométallurgique lorsqu'on transforme les sulfures de cuivre, le cas de COMMUS et LCS ;
- en un alliage riche en cuivre et cobalt lorsqu'on transforme par la voie pyrométallurgique les minerais cupro-cobaltifères (le cas de STL) ;
- en sel de cobalt sous forme d'hydroxyde ou de carbonate par la voie hydrométallurgique lorsqu'on transforme les minerais contenant le cobalt (les cas de MUMI, SOMIDEZ, TFM,…).

Dans la majorité des minerais sulfurés de cuivre et même de cuivre-cobalt, ces derniers sont transformés en concentrés par flottation et vendus sous cette forme, par dérogation à l'interdiction de la loi minière. C'est le cas de ANVIL MINING, COMIKA, COMILU, COMMUS, FRONTIER Sarl, KICC, KCC, KAMOA COPPER, SICOMINES.

A côté de cela, on note également l'exploitation de la cassitérite transformée en concentrés par la société ALPHAMIN BISIE MINING SA au Nord-Kivu, le diamant par SACIM au Kasaï et l'or produit partant des minerais sulfurés flottés par KIBALI GOLD MINES au Haut-Uélé.

Les raisons qui poussent les opérateurs miniers à rechercher les oxydes sont le coût faible d'exploitation et le fait que les problèmes environnementaux sont moindres et maîtrisables suite à la stabilité des oxydes au contact de l'air et de l'eau. Pour donner une idée sur la production et les exportations minières en RDC, le tableau 5 reprend les statistiques des exportations minières des années 2019 - 2021 telles qu'enregistrées au niveau du Ministère des mines.

Tableau 5- Statistiques des exportations des produits miniers 2019 - 2021

Produits	Exportation 2019	Exportation 2020	Exportation 2021
Cuivre	1.420.386 T	1.601.208 T	1.797.836 T
Cobalt	77.964 T	85.766 T	93.011 T
Zinc	1.607 T	15.305 T	16.079 T
Or	33.055 kg	29.549 kg	31.662 kg
Diamant	14.021.299 Carats	19.290.555 Carats	12.406.347 Carats
Cassitérite	19.984 T	21.872 T	27.290 T
Coltan	1.282 T	1.712 T	1.440 T
Wolframite	406 T	120 T	220 T

Source : Bulletins statistiques minières CTCPM 2019 - 2021

Quelles sont les entreprises minières actives entre 2020 et 2021 ?

3.3. Entreprises minières actives en 2020-2021

Sur l'ensemble des 549 Permis d'Exploitation octroyés (données CAMI Janvier 2021), on compte 65 entreprises minières actives, soit à peine un pourcentage faible de 11,8 %. Le sous-secteur minier industriel est d'une part, largement dominé par les entreprises minières privées dont plus de 80 % sont détenues par des capitaux chinois et d'autre part, par les entreprises minières de l'État en quasi faillite et de ce fait, ne contribuant pratiquement pas à l'économie nationale.

La majorité des entreprises minières se trouve au Haut-Katanga et au Lualaba avec l'exploitation du cuivre et du cobalt principalement (tableau 6). Au Nord-est du pays, précisément au Haut-Uélé, on trouve une seule exploitation active d'or de KIBALI GOLD MINES. A l'Est du pays, au Nord-Kivu, on trouve une seule exploitation active de cassitérite de ALPHAMIN BISIE MINING SA. Au Kasaï Central, on trouve une seule exploitation active de diamant de la SACIM.

Tableau 6a- Liste des entreprises minières actives dans les provinces en 2021

	Haut-Katanga	Lualaba	Haut-Lomami	Tanganyika
1	CDM	BOSS MINING	MMR	MMR
2	CHEMAF	CCR	CROWN MINING SA	
3	CNCM CONGO	CDM	COPROCO	
4	CNCM HUACHIN MABENDE	COMIKA	MEDICI MINING	
5	COMIKA	COMMUS		
6	COMILU	HANRUI METAL CONGO SA		
7	CONGO JIN JU	KATANGA METALS		
8	FRONTIER SA	KCC		
9	GECAMINES	LCS/CBSHI		
10	GOLDEN AFRICA	LCS/KICC		
11	HUACHIN METAL LEACH	METALKOL		
12	KAI PENG	MINING PROGRESS		
13	KICC	MKM		

14	LONG FEI	MUMI
15	LUALABA MINING	SCMK-Mn SA
16	METAL MINES	SM DEZIWA
17	MIKAS	TAVIR
18	MJM	TCC
19	MMG	THMAS MINING
20	OM METAL	TFM
21	RUASHI MINING	
22	RUBAMIN	
23	SEK	
24	SHITURU MINING	
25	SOMIKA	
26	STL	

Tableau 7b- Liste des entreprises minières actives dans les provinces en 2021

	Nord-Kivu	Haut-Uélé	Sud-Kivu	Maniema	Kasaï
1	ALPHAMIN BISIE MINING	KIBALI GOLD MINES SA	TWANGIZA MINING	NAMOYA MINING	SACIM
2	CDMC				
3	SMB				
4	BAKULIKIRA MABENDE				
5	GROUPE MBAKA				
6	SOGECOM				
7	RASH ET RASH				
8	HUAYING TRADING				
9	SAKIMA				

Les grandes exploitations telles que TFM, KCC, MUMI, KIBALI GOLD MINES, COMMUS, METALKOL, SICOMINES, MMG, COMIKA, SOMIKA, RUASHI MINING, etc. ont été développées sur des actifs miniers obtenus des partenariats avec les entreprises du portefeuille de l'État comme la GECAMINES, MIBA, SAKIMA, SOKIMO, SODIMICO, COMINIERE, SCMK-Mn (tableau 7). C'est la Gécamines qui bat le record avec environ 67 contrats miniers (source: rapports ITIE, 2017-2020).

Tableau 8- Exemple des contrats miniers avec les sociétés de l'Etat

Création	Type de partenariats	Actionnariat	Titres	Année d'octroi	Date d'expiration	Projet	Portée du titre
Tenke Fungurume Mining							
1996	Public-privé	20 % Gécamines 80 % CMOC	PE159 PE9707	2011 2020	2026 2035	Fungurume, Fwaulu, Kansalawile, Kwatebala, Mambilima, Pumpi, Shinkusu, Tenke, Zikulwe	Exploitation minière de cuivre et cobalt et autres minerais associés
Kamoto Copper Company							
2007	Public-privé	20 % Gécamines 80 % Autres partenaires	PE525 PE4960 PE4961 PE4963 PE11602	2007 2009 2009 2009 2009	2024 2024 2024 2024 2024	Kananga Tilwezembe	Exploitation minière de cuivre et cobalt

Kibali Gold Mines							
2007	Public-privé	70 % Moto Ltd 20 % Kibali Ltd 10 % Sokimo	PE11467 PE11447 PE1147 PE5052 PE1146 PE11464PE5053 PE1147 PE1147 PE5080	2014 2014	2029 2029	Kibali Nord Kibali Sud	Exploitation minière de l'or et les substances associées

J'évoque dans les pages qui suivent quelques projets miniers en court de réalisation.

3.4. Quelques projets miniers en court de réalisation

L'un des grands projets miniers à l'échelle continentale dans la production du cuivre des trois dernières années est le projet KAMOA-KAKULA en RDC. Les détails dudit projet sont repris dans l'annexe D (Rapport technique KAMOA COPPER, 2020). Ce projet a été développé après la découverte par IVANHOE des gisements de cuivre stratiformes encaissés dans des roches sédimentaires. Selon le rapport technique fourni par la société, la minéralisation de Kamoa-Kakula est toutefois inhabituelle en ce qu'elle est encaissée à la base du Grand-conglomérat, qui est stratigraphiquement situé au-dessus du Roan, qui est une grande unité stratigraphique porteuse de la plupart des gisements de la Ceinture cuprifère, lesquels sont généralement encaissés dans des roches du Sous-groupe Mines (R2) et quelques fois celles du Sous-groupe de Mwashya (R4). Lors de l'estimation des ressources minérales, on a identifié que le modèle des ressources minérales de Kakula est divisé en deux sections, de part et d'autre de la faille de l'escarpement occidental (West Scarp Fault). Une méthodologie d'estimation tridimensionnelle (3D) a été utilisée pour la modélisation. Tous les modèles de Ressources de Kamoa et de Kakula suivent à présent cette même méthodologie d'estimation tridimensionnelle. Les secteurs couverts par les modèles de Ressources sont illustrés dans les figures 7 et 8 dans le contexte de la zone du Projet. Dans ces figures les modèles de Ressources sont présentés plus en détail, avec l'emplacement des trous de forage.

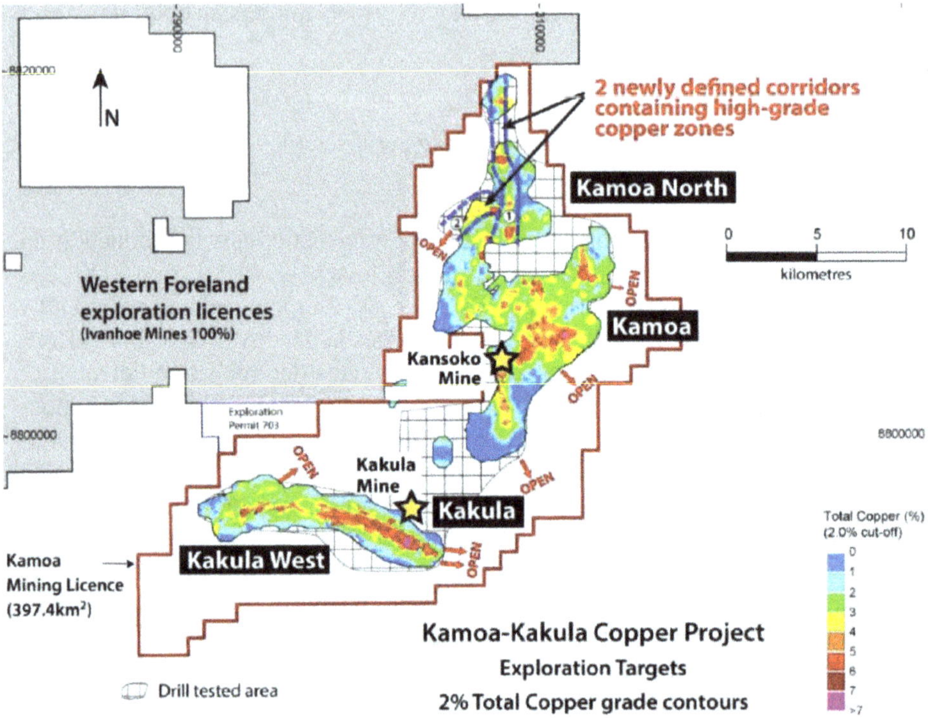

Figure 7– PR de Kamoa-Kakula : secteurs des Ressources minérales de Kamoa, Kakula et Kakula Ouest, le secteur d'exploration de Kamoa Nord et les objectifs d'exploration

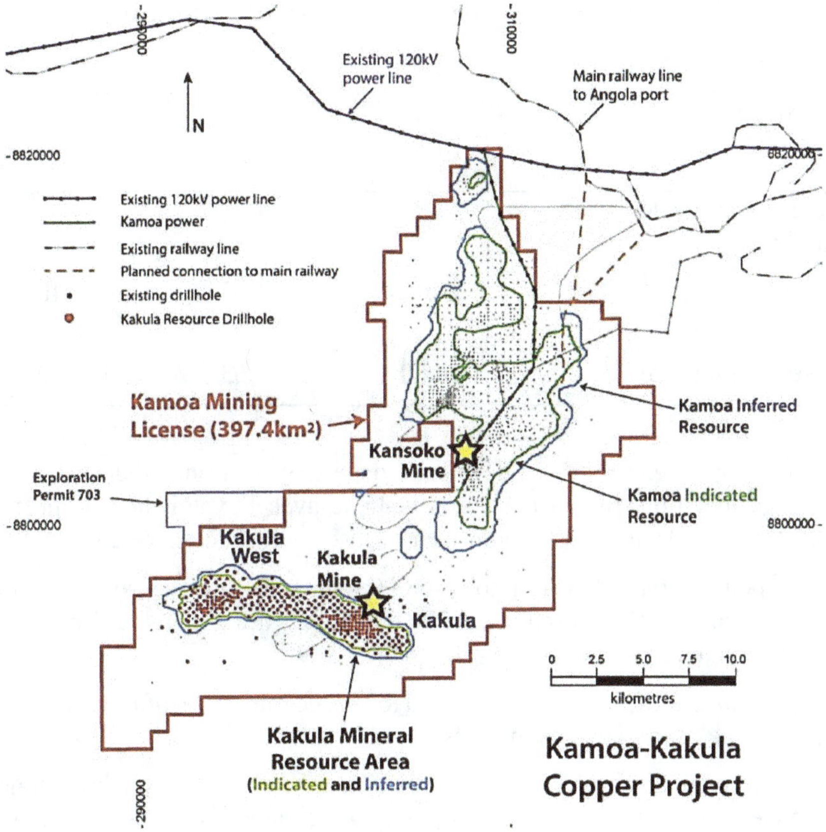

Figure 8– Plan de situation indiquant les Ressources minérales indiquées et présumées du Projet Kamoa-Kakula

Avec une teneur de coupure de 1 %, les Ressources minérales de Kakula couvrent une superficie de 27,4 km^2, dont 21,5 km^2 pour les Ressources minérales indiquées et 5,9 km^2 pour les Ressources minérales présumées. De son côté, le tableau 8 renferme quelques données relatives aux réserves minérales en cuivre du projet Kamoa-Kakula.

Tableau 9- Réserves minérales du projet Kamoa-Kakula

Classification	Minerais (MT)	Cuivre (%)	Cuivre (kT contenus)
Réserves minérales prouvées	-	-	-
Réserves minérales probables	245,0	4,63	11 340
Réserves minérales	245,0	4,63	11 340

Dans ce projet, cette société a développé deux grandes mines souterraines qui sont déjà opérationnelles, Kansoko et Kakula, avec l'exploitation de presque 740.000 tonnes de minerais remontés en surface en début d'année 2021:

- pour la mine de Kansoko, 240.000 tonnes de minerais sulfurés titrant environ 5,85 % de cuivre et 300.000 tonnes des minerais titrant 2,79 % de cuivre ;
- pour la mine de Kakula, 200.000 tonnes de minerais sulfurés titrant 5,97 % de cuivre ont été remontés.

Le concentrateur en construction a été mis en service en 2021. Avec la contrainte du Gouvernement de transformer sur place, la société envisage dans un premier temps de vendre une partie sur place en RDC à LCS et l'autre partie sera exportée en attendant la construction de leur fonderie programmée d'ici 2023. Avec le projet KAMOA COPPER, la société envisage dans sa première phase de production traiter 3,8 millions de tonnes par an de minerais riches et produire environ 200.000 tonnes de cuivre sous forme de concentrés. A la deuxième phase, la production sera doublée pour produire 400.000 tonnes de cuivre métal par an. Pour l'année 2021, la société envisage de produire environ 100.000 tonnes de cuivre sous forme de concentrés.

Je reviens sur l'état des lieux de certaines exploitations minières industrielles.

3.5. État des lieux de certaines exploitations minières industrielles

Jusqu'à ce jour où je rédige cet ouvrage, le sous-secteur minier industriel se caractérise par l'exploitation essentiellement des minerais oxydés qui sont localisés dans les couches supérieures de la majorité des gisements. Et depuis quelques années, plusieurs mines dépassant des profondeurs de 30 m dans la zone de balancement de la nappe connaissent des problèmes d'épuisement de ces minerais et à la place apparaissent des minerais mixtes contenant des sulfures. Ceci a pour conséquences la diminution de la production minière suite à la baisse du rendement de lixiviation des métaux valorisables, l'augmentation du coût de production et l'apparition des pollutions dues au drainage minier acide, un phénomène bien connu quand les sulfures sont mis en contact avec l'air et l'eau (Benzazoua et al., 2000 ; Kitobo et al., 2007 ; Kitobo, 2009, Lessard, 2018). L'impact environnemental le plus visible est l'acidification des eaux des mines (cas des mines de SEK KIPOI et RUASHI MINING).

Déjà en 2016, nous avons mené des investigations avec Ilunga (2016) dans certaines mines de l'ex Katanga et leurs usines hydrométallurgiques respectives pour voir l'évolution des sulfures en fonction de la profondeur des gisements, la limitation de la solubilisation du cuivre et celle du cobalt lors de la lixiviation des minerais mixtes ainsi que les problèmes environnementaux des rejets générés.

Ce travail portait essentiellement sur l'état des lieux des exploitations de certains gisements tels que les gisements de Mukondo, Bangwe, Ruashi et Kinsevere. Leurs usines hydrométallurgiques respectives qui sont à Boss Mining, Ruashi Mining et Minerals & Metals Groups m'ont fourni beaucoup de renseignements sur l'état de nos mines et les difficultés futures de leur exploitation. A côté de cette étude, une évaluation des problèmes environnementaux possibles avait été réalisée en faisant quelques tests de lixiviation recommandés dans les évaluations des drainages miniers acides (Kitobo et al., 2009 ; Kitobo, 2016 ; Raj et al., 2000 ; Lessard, 2018).

Il faut rappeler que la solution au problème posé par l'extraction économique des métaux de leurs minerais comporte un choix entre les divers procédés qu'il est possible d'employer. Les minerais oxydés constituent la première catégorie des minerais valorisables d'un gisement évoluant en profondeur, le cas de presque l'ensemble des gisements connus et documentés de l'ex Katanga. Ces oxydes sont des minerais secondaires issus de l'altération des minerais dits primaires qui sont les sulfures. Ils présentent un double avantage de se trouver à faible profondeur dans les mines et d'être solubilisés par simple lixiviation à l'acide sulfurique dans des conditions naturelles.

Depuis 1906, l'Union Minière du Haut-Katanga (devenue, depuis 1966, la Gécamines), était en train de valoriser les ressources de cuivre connu avec une production avoisinant ± 285000 tonnes de cuivre par an électrolytiquement à 99,99 % de pureté avec uniquement les usines hydrométallurgiques de Shituru (Likasi) et Luilu (Kolwezi) (Mwana Shaba., 1985). Cette aptitude lui était facilitée par la disponibilité presqu'en surface des minerais oxydés cuprifères et principalement sous forme de malachite dans presque tous les grands polygones de mines de l'ex Katanga.

La chute dramatique de cette société de l'Etat congolais a conduit, à partir des années 2000, à l'émergence de petites et moyennes unités de traitement hydrométallurgique des investisseurs privés. Toutes ces nouvelles usines œuvrent presque dans les mêmes polygones des mines de la Gécamines où les minerais oxydés cuprifères se font de plus en plus rares avec l'apparition, en profondeur, des minerais de transition qui sont des minerais mixtes oxydes-sulfures.

Dans ces conditions, l'alimentation des minerais composites contenant jusqu'à 20-30 % de sulfure générera de manière certaine des résidus de lixiviation ayant un potentiel de DMA certain (Kitobo et al., 2009).

Cet état des lieux de 2016 a concerné quatre mines :

- la mine de Kinsevere, exploitée par MMG, située dans le polygone minier de Kinsevere à 35 km de la ville de Lubumbashi, dans la direction Nord, 15 degrés Sud ;
- la mine de Mukondo, exploitée par BOSS MINING, vers dans le polygone minier de Kakanda au Sud-Est à 15 km de Kambove et à 30 km au Nord-Ouest de Fungurume ;
- la mine de Bangwe, exploitée par BOSS MINING, située dans le polygone minier de Kakanda ;
- la mine de Ruashi, exploitée par Ruashi, située au Nord-Est de la ville de Lubumbashi dans le polygone minier de l'Etoile.

Les tableaux 9-12 et les figures 9-12 repris ci-dessous se rapportent aux quatre mines ci-dessus évoquées.

De ces investigations sur les exploitations des mines en 2016, les constats ci-après ont été relevés. Les gisements de Kinsevere sont en train d'être épuisés en minerais oxydés avec la présence de tout le Sous-groupe mine sauf la RSC, et la prédominance des roches du système Schisto Dolomitique Cherteux. Les pendages moyens sont dirigés vers le bas dans tous les alignements du polygone, dont 87° à Kinsevere Hills, 66° à Tshifufia Central et 71° à Tshifufia Mashi. Les remblais sulfurés sont déjà exposés en surface avec risque de subir une auto lixiviation du type oxydant et bactérienne à l'air libre en présence de l'humidité de la pluie, qui entraîne une perte non contrôlée de cuivre et une production de DMA. A cette époque, les différences de niveau d'exploitation étaient de 2,5 m pour Kinsevere Hills ; 110 m pour Tshifufia Central et 38 m pour Tshifufia Mashi. On avait remarqué aussi que Tshifufia Central avait déjà atteint les mixtes, alors que Kinsevere Hills était encore dans la découverture pour rencontrer les minerais oxydés à 1215 m. Ceci avait fait valoir à ce dernier une couche de 100 m des minerais oxydés au moment où Tshifufia Mashi renfermait une couche des oxydes de 47 m.

En considérant un rapport de découverture de 2,0 ; un cubage moyen des minerais oxydés excavés par mois de 145 000 m^3 sur des surfaces de fond de 300 m × 200 m pour Kinsevere Hills et 150 m × 100 m pour Tshifufia Mashi (service technique du département des mines, décembre 2015), on avait déterminé géométriquement un temps de disponibilité des minerais oxydés d'une année et trois mois. Dans l'exploitation de la mine de KINSEVERE, toutes les matières minérales présentant une teneur de 0,5 % en cuivre sont considérées par MMG/KINSEVERE comme des stériles. C'est quatre ans après, c'est-à-dire en 2020, qu'une décision a été prise par la société MMG KINSEVERE de ralentir ses activités en attendant l'investissement dans le changement de la technologie des oxydes vers les sulfures.

Tableau 10- État des lieux de l'exploitation minière de MMG/Kinsevere

Eléments prélevés		Gisement de KINSEVERE Kinsevere Hills	 Tshifufia Central	 Tshifufia Mashi
Géomorphologie de la mine			Anticlinale	
Pendage moyen dirigé vers le bas		87°	66°	71°
Niveaux d'exploitation (m)	Début	1 225,00	1 220,00	1 205,00
	Actuel	1222,5	1110,00	1167,00
Profondeur d'atteinte des mixtes (m)		±1 115	±1 120	±1 120
Types des roches minéralisées		Toute la série des mines est respectée, sauf la RSC		
Minéraux principaux de cuivre et cobalt		Oxydés : Malachite, Cuprite, Azurite, Chrysocolle, Hétérogénite ; Sulfurés : Chalcopyrite, Bornite, Chalcosine, Carrolite		
Teneurs moyennes minerais-stériles cuivre			±3,5 % - ±0,5 % cuivre	
Réserves métaux cuivre-cobalt				
Distance mine-usine (km)			±2	

Sources : Services géologiques de la Gécamines/Likasi et de MMG., 2017

Figure 9- Mine de KINSEVERE, 2018

La mine de Mukondo présente un pendage moyen dirigé vers le bas de 41°, qui signifie qu'au fur et à mesure que l'exploitation minière est en opération sur le site, la minéralisation ainsi que la zone de transition oxyde - sulfure vont vers le fond. Une bonne quantité de minerais mixtes a déjà été amenée en surface, ce qui entraîne une perte en cuivre non considérable et un déclenchement du processus de DMA dû à l'oxydation des sulfures.

Le constat fait en 2016 a montré que l'exploitation a atteint les minerais de transition à Mukondo Est et Mukondo Ouest. La couche oxyde restante était évaluée à 65 m pour Mukondo Centre. En prenant le rapport de découverture (rapport entre la quantité de stériles et celle de minerais extraits à un stade d'exploitation d'une mine) de 2,5 utilisé à cette époque, un cubage moyen minerais oxydés excavés par mois de 150 000 m^3 sur une surface de fond de Mukondo Centre estimée à 300 m × 200 m, on avait trouvé géométriquement un temps de disponibilité des minerais oxydés d'environ 7 mois et demi. Les différences de niveau d'exploitation sont évaluées à 220 m à l'Est, 180 m au Centre et 245 m à l'Ouest avec la présence de toute la série des mines de la RSF à CMN. Dans l'exploitation de la mine de Mukondo, la maille de coupure a été imposée à 0,8 % de cuivre par BOSS MINING. Les rejets produits sont des minerais valorisables mis à côté.

Tableau 11- Etat des lieux de l'exploitation minière de BOSS MINING à Mukondo

Éléments prélevés		Gisement de MUKONDO Est	Centre	Ouest
Géomorphologie de la mine			Anticlinale très serrée	
Pendage moyen dirigé vers le bas		41°		
Niveaux d'exploitation (m)	Début	1 545		
	Actuel	1 325	1 365	1 300
Profondeur d'atteinte des mixtes (m)		1325	1330	1305
Types des roches minéralisées			Couches complètes de la série des mines du RSF au CMN	
Minéraux principaux de cuivre et cobalt			Oxydés : Malachite, Chrysocolle, Hétérogénite ;	
			Sulfurés : Chalcopyrite, Bornite, Chalcosine, Carrolite	
Teneurs moyennes minerais-stériles cuivre				
Réserves métaux cuivre-cobalt				
Distance mine-usine (km)			±20	

Sources : Services géologiques de la Gécamines/Likasi et de Boss Mining, 2017

Figure 10- Mine de MUKONDO, 2017

Les gisements de la mine de Bangwe ont des pendages moyens dirigés vers le bas avec des valeurs de 70° pour Bangwe Est et 60° pour Bangwe Ouest qui prouvent au cours du temps que la minéralisation a déjà atteint des couches mixtes et sulfures, qui exposées à l'air libre et à la pluie, s'oxydent avec génération de DMA et acidification des eaux de la mine. Ces couches d'oxydation étaient déjà visibles en 2016 dans la mine avec formation des minéraux secondaires d'oxydation. Les différences de niveau d'exploitation étaient à 125 m du côté Est et 50 m à l'Ouest. Aussi, Bangwe Est n'avait qu'une couche de 5 m des minerais oxydés à exploiter avant d'atteindre les minerais de transition. Bangwe Ouest avait 125 m à exploiter en oxydes avant d'atteindre la couche des mixtes. A cette période, la mine était exploitée avec un rapport de découverture de 2,5 ; un cubage moyen de minerais oxydés excavés par mois de 50 000 m^3 et des surfaces de fond de 80 m × 80 m pour Bangwe Est et 90 m × 80 m pour Bangwe Ouest, on a trouvé par des calculs géométriques un temps de disponibilité des minerais oxydés d'environ 5 mois. Les roches minéralisées sont principalement dans les SDB et les RSC avec la pseudomalachite (oxyde) ainsi que la chalcopyrite (sulfure). De même que l'exploitation de la mine de Mukondo, BOSS MINING avait imposé la teneur de 0,8 % comme maille de coupure.

Suite à l'épuisement des oxydes et d'autres difficultés techniques, BOSS MINING a arrêté l'exploitation de ces deux mines depuis 2019 et a même fermé ses activités de l'usine hydrométallurgique de Kakanda.

Tableau 12- Etat des lieux de l'exploitation minière de BANGWE

Eléments prélevés		Gisement de BANGWE		
		Est		Ouest
Géomorphologie de la mine			Monoclinale	
Pendage moyen dirigé vers le bas		70°		60°
Niveaux d'exploitation (m)	Début			1 420
	Actuel	1 295	1 365	1 370
Profondeur d'atteinte des mixtes (m)		1290	1330	1245
Types des roches minéralisées			Principalement les SDB et les RSC	
Minéraux principaux de cuivre et cobalt			Oxydés : Pseudo Malachite, Hétérogénite ; Sulfurés : Chalcopyrite	
Teneurs moyennes minerais-stériles cuivre				
Réserves métaux cuivre-cobalt				
Distance mine-usine (km)			±18	

Sources : Services géologiques de la Gécamines/Likasi et de Boss Mining., 2017

Figure 11- Mine de BANGWE, 2017

Les gisements de la mine de Ruashi ont des pendages moyens dirigés vers le bas, dont les valeurs sont de 83° pour le gisement 1,58° pour le gisement II et 65° pour le gisement III avec des minéralisations qui descendent en profondeur. Cette mine a déjà atteint dans certaines zones les minerais mixtes oxydes-sulfures qui s'oxydent en présence de l'air et de l'humidité atmosphérique. Ce phénomène est visible à ce jour à la mine et provoque régulièrement des acidifications des eaux de la mine. Ce phénomène est observé principalement aux gisements II et III qui sont déjà au niveau des mixtes et sulfures et par conséquent leur réserve en cuivre oxyde est presque nulle.

Déjà en 2016, la couche de minerais oxydés restante ne représentait que 25 m au gisement I. Les différences de niveau d'exploitation étaient de 72,50 m au gisement I ; 100,72 m au gisement II et 97,04 m au gisement III. Ruashi Mining fait fonctionner sa mine avec un rapport de découverture de 2,0 ; un cubage moyen des minerais oxydés excavés par mois de 120 000 m^3 et une surface de fond du gisement I de 500 m × 500 m, on déduit géométriquement que le temps de disponibilité des minerais oxydés est d'environ 1 année et 5 mois. Les stériles sont considérés à une teneur de 0,3 % de cuivre, qui est acceptable selon les normes bien établis.

Tableau 13- Etat des lieux de l'exploitation minière de Ruashi Mining

Eléments prélevés		Gisement de RUASHI		
		Gisement I	Gisement II	Gisement III
Géomorphologie de la mine		Synclinale renversée		
Pendage moyen dirigé vers le bas		83°	58°	65°
Niveaux d'exploitation (m)	Début	1282,50	1282,72	1282,72
	Actuel	1210,00	1182,60	1185,68
Profondeur d'atteinte des mixtes (m)		±1 185	±1 190	±1 185
Types des roches minéralisées		Les RSF, D.Strates, RAT grises, les SDB, les BOMZ, les SDC et les CMN		
Minéraux principaux de cuivre et cobalt		Oxydés : Malachite, Chrysocolle, Azurite, Hétérogénite		
		Sulfurés : Chalcopyrite, Bornite, Carrolite		
Teneurs moyennes minerais-stériles cuivre				
Réserves métaux cuivre-cobalt				
Distance mine-usine (km)		±1,3	±1,1	±1,4

Sources : Services géologiques de la Gécamines/Likasi et de BM., 2017

Figure 12- Mine de RUASHI MINING, 2021

Pour donner aux lecteurs une idée du type des minerais extraits de toutes ces mines de l'ex Katanga, leur rendement de solubilisation et les rejets obtenus des analyses physico-chimiques et des tests de lixiviation à l'acide sulfurique ont été faits sur les minerais et les rejets. Les résultats obtenus sont regroupés dans les tableaux 13 et 14.

Tableau 14- Résultats d'analyses chimiques des échantillons des minerais des mines de MUKONDO, BANGWE et RUASHI

Éléments ou composés chimiques	Teneur		
	MUKONDO	BANGWE	RUASHI
Cuivre total (%)	2,53	2,43	3,99
Cuivre oxyde (%)	1,58	1,69	2,50
Cobalt total (%)	0,94	0,40	0,39
Cobalt oxyde (%)	0,59	0,22	0,21
Soufre total (%)	6,40	2,70	5,38
Fer (%)	3,71	3,79	3,18
Manganese (%)	0,07	0,02	0,04
Zinc (%)	0,24	0,12	0,19
Cadmium (ppm)	45	60	40
Nickel (ppm)	57	101	49
Plomb (%)	0,05	0,07	0,06

Tableau 15- Résultats d'analyse minéralogiques des échantillons des minerais de MUKONDO, BANGWE et RUASHI

Echantillons	Minéraux majeurs
MUKONDO	Chalcopyrite, $CuFeS_2$ Chrysocolle, $CuSiO_3.2H_2O$ Bornite, Cu_5FeS_4 Malachite , $CuCO_3.Cu(OH)_2$ Chalcosine, Cu_2S Carrolite, $Cu(Co,Ni)_2\ S_4$ Heterogenite, $Co_2O_3.CoO.CuO.7H_2O$ Dolomite, $Ca,Mg(CO_3)_2$ Quartz, SiO_2 Limonite , $FeO(OH)_2.nH_2O$ Pyrite, FeS_2
BANGWE	Pseudo-malachite, $Cu_5(PO_4)_2(OH)_4$ Chalcopyrite, $CuFeS_2$ Chrysocolle, $CuSiO_3.2H_2O$ Heterogenite, $Co_2O_3.CoO.CuO.7H_2O$ Chalcosine, Cu_2S Quartz, SiO_2 Talc , $Mg_3Si_4O_{10}(OH)_2$ Dolomite, $Ca,Mg(CO_3)_2$ Goethite, $Fe_2O_3.H_2O$ Pyrite, FeS_2
RUASHI	Malachite , $CuCO_3.Cu(OH)_2$ Chalcopyrite, $CuFeS_2$ Chrysocolle, $CuSiO_3.2H_2O$ Azurite, $2CuCO_3.Cu(OH)_2$ Bornite, Cu_5FeS_4 Pyrite, FeS_2 Heterogenite, $Co_2O_3.CoO.CuO.7H_2O$ Carrolite, $Cu(Co,Ni)_2\ S_4$ Quartz, SiO_2 Dolomite, $Ca,Mg(CO_3)_2$ Chlorite, $(Mg,Fe)_5Al_2Si_3O_{10}(OH)_8$ Muscovite, $KAl_2AlSi_3O_{10}(OH)_2$

Les analyses chimiques et minéralogiques ont confirmé que dans les échantillons des minerais de Mukondo, Bangwe et Ruashi, il y avait présence des minerais mixtes oxydes et sulfures. La mine de Bangwe est principalement cuprifère avec présence des sulfures tels que la pyrite, la chalcopyrite et la chalcosine. Les minerais des deux autres mines analysées sont cupro-cobaltifères. Les sulfures majoritaires rencontrés dans ces minerais sont la pyrite, la chalcopyrite, la bornite et la carrolite.

La lixiviation acide dans les conditions des usines métallurgiques : solvant acide sulfurique, pH 1,2 – 1,6 , a montré que les solubilisations dépassent rarement 75 % et les rejets de lixiviation contiennent en moyenne ± 0,7 % de cuivre, ± 1,1 % de fer, ± 1,7 % de souffre. Cette composition en souffre qui se présente sous forme de pyrite donnerait, de manière certaine, une production de DMA. Ceci a été confirmé par les tests de DMA réalisés sur les rejets de la lixiviation des échantillons des minerais de Mukondo, Bangwe et Ruashi comme l'indique le tableau 15. On note de ce tableau que les rapports entre le potentiel de neutralisation PN et le potentiel de production d'acide PA sont en-dessous de 0,14, une valeur classée pour les rejets générateurs d'acide.

Tableau 16- Les caractéristiques chimiques et environnementales des résidus de la lixiviation acide des minerais de Mukondo, Bangwe et Ruashi

	MUKONDO	BANGWE	RUASHI
Cu (%)	1,06	0,84	1,68
Fe (%)	2,20	2,13	1,31
S (%)	6,98	3,00	6,00
PN (kg de /t)	29,75	22,50	17,50
PA (kg de /t)	218,13	93,75	184,38
PNN (kg de /t)	-188,38	-71,25	-166,88
PN/PA	0,14	0,24	0,10
Type de rejet selon la classification environnementale	Générateur d'acide	Générateur d'acide	Générateur d'acide

Fin 2020, pour les mêmes raisons de diminution de rendement de lixiviation des métaux valorisables suite à l'apparition des sulfures et l'épuisement des oxydes, d'autres sociétés comme CHEMAF à Lubumbashi, MUMI dans le territoire de Mutshatsha et SEK KIPOI sur la route Likasi-Lubumbashi ont également arrêté les activités d'exploitation minière. Une autre raison économique, c'est la chute des cours des métaux en 2019, sauf l'or, qui a atteint le plus bas niveau avec la pandémie de la Covid19 en mars 2020. Par exemple le cuivre qui était en fin 2019 autour de 6.200 USD la tonne, son prix a chuté jusqu'à atteindre des valeurs proches de 5.000 USD la tonne. Entre 2018 et 2019, le cobalt avait chuté de prix et celui-ci s'était plafonné autour de 30.000 à 32.000 USD la tonne. Vers Mars 2021, le cobalt est descendu autour de 28.000 USD la tonne.

La transformation des sulfures en oxydes pour pouvoir alimenter les usines déjà opérationnelles de traitement d'oxydes exigerait un apport supplémentaire en énergie électrique. Or, le sous-secteur minier de la RDC connaît un déficit en infrastructures économiques de base, notamment énergétiques, routières et ferroviaires, ce qui constitue un frein pour le développement du secteur des mines.

Quels sont les maux du sous-secteur minier industriel ?

3.6. Maux du sous-secteur minier industriel

Quoique bien organisé que le sous-secteur minier artisanal et contribuant sensiblement aux recettes de l'État, le sous-secteur minier industriel n'échappe pas aux problèmes de la mauvaise gouvernance, corruption, manque de transparence, fraude minière et tout ceci est à la base de la minoration des recettes dues à l'État, aux Provinces et surtout aux ETD. Il y a beaucoup de recettes de l'État qui se volatilisent au profit des individus corrompus nationaux et étrangers qui s'enrichissent

Les maux cités ci-haut sont punis par la loi elle-même qui contient plusieurs dispositions décrivant les sanctions encourues par les opérateurs miniers et/ou autres personnes qui la violeraient intentionnellement. Mais, plusieurs innovations de la loi introduites lors de la révision du Code Minier souffrent, à ce jour, de la non-application dans l'exploitation minière industrielle et sont sujets à des tensions permanentes entre l'État, les communautés locales impactées par les projets miniers et les entreprises minières. En effet, je peux citer :

- le rapatriement des recettes des exportations des produits miniers marchands ;
- l'exportation des minerais bruts interdite par la loi minière ;
- l'application de l'alinéa 3 de l'article 220 du Code Minier ;
- le paiement de la dotation de 0,3 % du chiffre d'affaires annuel pour contribution au développement des communautés locales ;
- la signature de cahier des charges dans le cadre de la responsabilité sociétale des entreprises ;
- le paiement de la quote-part de 10 % de la redevance minière constituant les frais de FOMIN.

Avec la révision du Code Minier, le taux du rapatriement obligatoire des recettes des exportations a été revu de 40 % à 60 % pour un titulaire qui est en phase d'amortissement de son investissement et à 100 % en cas d'amortissement total de son investissement. Le rapatriement n'est pas effectif dans la plupart des cas et même en cas de rapatriement les opérateurs miniers mettent des mécanismes pour essayer de renvoyer ces recettes vers l'extérieur au lieu de l'utiliser pour des dépenses locales et soutenir l'économie conformément à la loi.

Concernant l'exportation des minerais bruts ou partiellement transformés comme les concentrés, le déficit énergétique est une des raisons évoquées souvent par les opérateurs miniers pour expliquer la limitation du traitement des minerais sulfurés à une valorisation par simple flottation et/ou enrichissement par des opérations physiques (Frontier SA, COMILU, COMIKA, SICOMINES, KICO, KIBALI, KAMOA COPPER, COMMUS, KICC, ANVIL MINING). De ce fait, l'exportation des concentrés produits demande l'autorisation exceptionnelle (moratoire) signée par le Ministre conformément aux dispositions de l'article 108ter du Code Minier.

Pour limiter ce problème de dérogation aux exigences de la loi minière, plusieurs réunions ont été organisées par le Gouvernement Ilunga Ilunkamba après chaque expiration de ces moratoires pour évaluer les difficultés rencontrées par ces opérateurs et qui les contraint à continuer une production sans transformation totale des minerais. L'exemple en date du 12 Octobre 2020, j'ai tenu une grande réunion pour pousser ces derniers à fournir des efforts pour résoudre leur difficulté afin de produire et exporter des produits miniers marchands à grande valeur ajoutée.

Lors de cette rencontre, j'ai rappelé aux opérateurs miniers que la loi minière congolaise interdit l'exportation des produits miniers bruts et même concentrés non finis. Il faut comprendre par-là que le pays exige une transformation sur place pour donner aux produits marchands extraits des gîtes des substances minérales du sol et sous-sol de notre pays une plus grande valeur ajoutée et ce n'est qu'en travaillant sous cette forme que l'on créera plus d'emplois, de l'extraction minière aux usines de transformation métallurgique et même dans la sous-traitance de ce domaine des mines. L'autre chose est que la transformation sur place donne plus de recettes liées à la valorisation des richesses minérales de la RDC par les privés.

Je donne ici les dispositions du Code Minier qui disent que :

- tout titulaire de droit minier PE (Permis d'Exploitation) a l'obligation de transformer les produits miniers sur le territoire national sauf en cas d'autorisation pour un traitement à façon à l'étranger, à condition de payer toutes les taxes exigées ;

- le traitement ou la transformation des substances minérales peut être réalisé soit par le titulaire d'un Permis d'Exploitation, soit par une Entité de traitement ou une Entité de transformation.

C'est pour cette raison que j'ai rappelé aux opérateurs miniers la question des moratoires signés régulièrement qui autorisent les exportations des concentrés, pourtant techniquement faciles à transformer jusqu'au métal recherché dans les applications courantes, devrait être résolue définitivement pour que la loi minière soit strictement respectée.

A l'issue des échanges, tout le monde était d'accord qu'il était important de transformer sur place les concentrés pour leur donner une valeur ajoutée et surtout, dans le cas des concentrés de cuivre quand il y a des sociétés qui développent des nouvelles technologies de leur transformation sur place. Mais, la prise en compte des données technico-économiques de certaines entreprises et/ou des termes de contrats avec leurs acheteurs étrangers sont des motifs qui ont justifié la signature d'un nouveau moratoire.

Un moratoire sans limitation de délai a été accordé aux sociétés minières productrices d'hydroxydes et de carbonates de cobalt puisque tout le monde était d'accord que ce métal est plus recherché aujourd'hui dans le commerce mondial sous forme de sel. L'autre moratoire était accordé aux concentrés des 3T et d'étain pour des raisons de déficit criant d'énergie à l'Est du pays, freinant toute industrialisation. Mais, concernant les concentrés sulfures, les discussions avaient abouti à des conclusions selon lesquelles des moratoires pouvaient être accordées au cas par cas pour des raisons ci-après :

- la qualité de certains concentrés de cuivre est incompatible avec les alimentations recherchées à LCS, la seule société possédant le monopole de transformation des sulfures dans les provinces du Haut-Katanga et du Lualaba ;

- le respect des termes de contrat avec les acheteurs actuels des concentrés qui ont déjà préfinancé les opérations minières ;

- l'avancement des projets de transformation sur place pour certaines sociétés minières.

A ce jour, ce dossier qui persiste est traité au cas par cas en fonction des difficultés de chaque société comme dans les quelques exemples traités au Gouvernement Ilunga Ilunkamba ci-dessous.

Le cas de la demande de FRONTIER SA, filiale du Groupe ERG, en début d'année 2021 qui exploite des gisements du Permis d'Exploitation PE 13080 situés à Kishiba dans le territoire de Sakania, dans la Province du Haut-Katanga, du fait que cette exploitation produit des minerais sulfurés d'une teneur moyenne en cuivre de 1 %, la société a construit un concentrateur qui enrichit jusqu'à une teneur moyenne de 28 % en cuivre en utilisant un procédé de flottation des minerais. Ce dernier est vendu à l'extérieur du pays depuis l'installation du concentrateur. Pour répondre aux exigences du Gouvernement, conformément à la loi minière, la société vend une partie de sa production à la seule fonderie nationale LCS qui traite des sulfures de cuivre et cela, malgré la distance de plus de 500 km qui la sépare de la ville de Kolwezi où se trouve LCS. Les raisons techniques évoquées par FRONTIER SA sont le manque d'électricité dans la zone de Kishiba, la profondeur de la mine qui augmente le coût de production, l'investissement minier pour augmenter la durée de la mine jusqu'en 2032 justifiant ainsi le traitement partiel jusqu'à un concentré brut.

Concernant la demande de COMIKA formulée à la même période que FRONTIER SA, nous avons noté que sur 15.000 T de concentrés cupro-cobaltifères produits en 2020, 10 000 T (dix mille tonnes) à exporter sont dans un contrat de vente de l'année 2021 avec un acheteur extérieur et 5 000 T (cinq mille tonnes) avec le même acheteur pour le premier trimestre de l'année 2022. La Compagnie Minière de Kambove exploite les minerais de deux titres miniers dans le territoire de Kambove dans le Haut-Katanga PE 1156 et PE 11517 en se conformant aux dispositions du Code Minier de l'article 108bis exigeant aux titulaires des droits miniers ou de carrières d'effectuer le traitement des substances minérales brutes sur le territoire national pour les transformer en des produits miniers marchands d'une grande valeur économique. La même année, la société montait un concentrateur et une usine hydrométallurgique qui traiterait les minerais oxydés pour les transformer en cuivre cathodique et en hydroxyde de cobalt et pour les sulfures. La société a également signé un contrat de traitement à façon avec l'entreprise Mikas, toujours à Kambove, qui les transforme aussi en cuivre cathodique et en hydroxyde de cobalt.

Anvil Mining, qui exploite un gisement des minerais sulfurés de cuivre sur le Permis d'Exploitation PE 16097, avait introduit aussi une demande de moratoire. Pour se conformer aux dispositions du Code Minier de l'article 108bis exigeant aux titulaires des droits miniers ou de carrières d'effectuer le traitement des substances minérales brutes sur le territoire national pour les transformer en des produits miniers marchands d'une grande valeur économique, la société a monté un concentrateur qui produit des substances minérales titrant jusqu'à 30 % de cuivre. Le site d'exploitation est à KAPULO, à 54 km de Mpweto, dans le Haut-Katanga, dans une zone où il n'y a pas assez d'énergie électrique. Vu que la vie de la mine est évaluée à moins de 3 ans et pour plusieurs raisons fournies ci-dessus, un moratoire pour l'exportation des concentrés leur avait été accordé.

Quant à COMMUS, partenaire de la GECAMINES dans le contrat d'exploitation de deux Permis d'Exploitation PE12092 et PE12093, le moratoire leur avait été accordé pour des raisons ci-après. La société a accepté d'évoluer suivant les recommandations formulées et a décidé de transformer une partie de ses concentrés sulfures sur place en vendant une bonne partie de sa production de concentrés à la Société Lualaba Copper Smelter, LCS en sigle. L'autre partie est toujours vendue à l'extérieur du territoire national pour respecter un contrat signé depuis bien avant et qui courait, selon leur rapport technique, encore trois ans.

Cette question sur les moratoires des exportations des concentrés de cuivre et cobalt a été également abordée à l'atelier organisé à Lubumbashi du 29 au 30 Mars 2021. Cet atelier était organisé pour discuter sur trois dossiers clés du secteur des mines dont le premier (discussion avec les miniers seuls) concernait l'exécution des décisions prises à Kinshasa le 12 Octobre 2020 sur les moratoires des exportations des concentrés de cuivre et cobalt sulfures produits au Haut-Katanga et au Lualaba et les deux autres (discussion avec les miniers, les organisations de la société civile et les acteurs de développement) sur les responsabilités sociétales des entreprises, à savoir le cahier des charges et la dotation de 0,3 % du chiffre d'affaires annuel pour le développement communautaire.

La résolution suivante a été prise. Du fait que les difficultés de transformation sur place dépendent d'un opérateur minier à un autre, chaque opérateur devra transmettre en urgence une note technique justifiant ses difficultés (en précisant comment les surmonter et pour quelle durée) pour permettre au Ministre de signer des moratoires au cas par cas. Il a été néanmoins recommandé aux miniers de soutenir les initiatives locales en vendant même une partie de leur production sur place.

Concernant l'application de l'alinéa 3 de l'article 220 du Code Minier, ce dossier connaît jusqu'à ce jour beaucoup de critiques venant des provinces et des opérateurs miniers qui poussent, de fois, le Gouvernement central à accorder des exemptions ou exonérations pour compenser les travaux réalisés par les miniers en provinces comme :

- l'aménagement de certaines routes d'accès aux exploitations mais qui profitent à la population et même au cadastre foncier qui en profite pour ses lotissements ;
- le financement de la production de leur énergie électrique donnée en partie aux populations et même le transport de l'électricité qu'ils facilitent.

Il est vrai que depuis la promulgation de la loi n°007/2002 du 11 Juillet 2002 portant Code Minier telle que modifiée et complétée par la loi n°18/001 du 09 Mars 2018, c'est le Gouvernement qui s'est buté à la difficulté d'application des dispositions de l'article 220 alinéa 3 de la même loi sans un texte complémentaire explicitant la procédure à suivre. Déjà en 2019, une des ONG belges très connue, Justice et Paix, avait publié un article portant sur l'analyse du Code Minier en RD Congo, principalement sur les enjeux de la réforme. Dans cet article, ils avaient déjà alerté que l'application des dernières dispositions de l'article 220 du Code Minier qui prévoit que le Premier Ministre et Chef de Gouvernement est autorisé d'accorder par Décret délibéré en Conseil des Ministres, un certain nombre des mesures incitatives à l'endroit des provinces souffrant de déficit d'infrastructures pour booster leur essor à partir des ressources minières. Selon le même article, le pouvoir lui accordé pourrait ouvrir la porte à plus de lobbying des entreprises en vue d'obtenir des traitements privilégiés. La discrétion d'accorder de telles mesures laissée au Premier ministre augmenterait également les risques de corruption.

Du fait que le même article en son alinéa 1 pose le principe du caractère exclusif et exhaustif du régime fiscal, douanier et des taxes applicables aux activités minières du titulaire sur le territoire national, l'interprétation de cette disposition fait ressortir les éléments ci-après. Elle supprime l'application universelle des dispositions du Code Minier et ouvre le risque d'un traitement discriminatoire au niveau des opérateurs miniers et ouvre une brèche aux sociétés minières d'exercer ou d'user de leur influence auprès des Gouvernements provinciaux, du Ministre des mines et voire même auprès de la primature pour obtenir des allègements ou exonérations fiscales. C'est un retour camouflé du régime conventionnel supprimé par les dispositions de l'article 340 du Code Minier. Cette disposition entre en contradiction avec les dispositions de l'article 285 sexies du Code Minier, lesquelles obligent les titulaires des droits miniers d'exploitation et d'autorisation des carrières permanentes de contribuer, durant la période de leur projet, à la définition et à la réalisation des projets de développement socio-économiques et industriels des communautés locales affectées par les activités des projets miniers sur la base des cahiers de charges. Elle va davantage amenuiser les recettes de l'État car, toutes les provinces minières souffrent des déficits d'infrastructures. Donc les mesures incitatives à prendre vont réduire sensiblement les recettes tant des provinces que de l'État. En conséquence, l'objectif de la révision du Code Minier visant l'augmentation des recettes ne sera plus atteint, comme l'a voulu les législateurs.

De plus, les exemptions ou exonérations fiscales seraient prélevées sur quelles recettes du trésor public et/ou des provinces ? Lors de mon mandat au Gouvernement Ilunga Ilunkamba, l'option retenue pour mettre en application cette disposition de la loi minière est que la liste des allègements fiscaux à faire bénéficier aux opérateurs miniers devrait être arrêtée par une Commission regroupant les experts du Gouvernement central, les représentants des Gouvernements provinciaux, les délégués de la chambre des mines et ceux de la société civile. Cette Commission devra déterminer où ces exemptions ou exonérations seront prélevées, Est-ce sur les recettes du Pouvoir Central ou sur celles des Provinces issues de l'exploitation minière ? En son temps, nous avions proposé que les dispositions de l'alinéa 3 de l'article 220 du Code Minier ne soient pas mises en œuvre sans la désignation de la Commission et de la procédure à suivre pour les raisons suivantes :

- le Pouvoir discrétionnaire laissé aux Hauts Cadres de l'Etat d'accorder des exemptions ou des exonérations fiscales aux opérateurs miniers risque d'accentuer les conflits d'intérêts et/ou les risques de corruption devant la pression des sociétés minières ;
- le traitement discriminatoire des sociétés minières risque de créer un environnement de concurrence déloyale entre les opérateurs miniers et pourrait entraîner l'état des nouveaux risques d'arbitrage de la part des sociétés qui s'estimeraient lésées.

Mais, comme il s'avérait impérieux de mettre en œuvre cette disposition, nous avions réfléchi sur la mise en place de la Commission sus-évoquée ci-haut qui devait réfléchir sur la mise en œuvre des dispositions de l'alinéa 3 de l'article 220, sans que cela puisse appeler à une révision du Code Minier ou à prendre des mesures susceptibles d'amenuiser davantage les recettes issues de l'exploitation minière dont le Gouvernement Central et les Provinces ont grandement besoin.

Le travail de la Commission s'est soldé par la proposition d'un texte fixant la procédure, les conditions d'éligibilité et les dispositions pratiques d'accès au bénéfice des mesures incitatives par les provinces souffrant du déficit d'infrastructures et qui annulait la Note circulaire n° 00002/CAB.MIN/MINES/01/2020 du 23 Juillet 2020 relative à la mise en œuvre des procédures et modalités pratiques des dispositions de l'alinéa 3 de l'article 220 de la Loi n° 007/2002 du 11 Juillet 2002 portant Code Minier, telle que modifiée et complétée par la Loi n° 18/001 du 09 Mars 2018 . Pour fixer l'opinion ou mieux les provinces requérantes, nous avions publié une note circulaire dont le contenu reprenait ce qui suit.

La procédure proposée pour l'octroi des mesures incitatives aux Provinces souffrant de déficit d'infrastructures passe par les étapes ci-après :

- constitution du dossier par la Province requérante ;
- dépôt auprès du Ministre national ayant les Mines dans ses attributions, de la demande adressée au Premier Ministre et transmission, pour examen, du dossier à la Cellule Technique de Coordination et de Planification Minière, en sigle « CTCPM » ;
- examen du dossier par la Cellule Technique de Coordination et de Planification Minière, en sigle « CTCPM », sur la régularité des éléments constitutifs du dossier et l'émission de l'avis technique favorable ou non favorable ;
- transmission, au Ministre des Mines, par la CTCPM de l'avis technique favorable ou non favorable ainsi que du projet du Décret, le cas échéant ;
- transmission du dossier par le Ministre des Mines au Premier Ministre pour inscription à l'ordre du jour du Conseil des Ministres ;

- examen, pour approbation, du dossier par le Conseil des Ministres ;
- signature du Décret par le Premier Ministre, en cas d'approbation du Conseil des Ministres ;
- notification du Décret à la Province bénéficiaire par le Ministre ayant les Mines dans ses attributions.

Concernant les conditions d'éligibilité, la Province qui sollicite des mesures incitatives devra satisfaire aux exigences suivantes :

- démontrer qu'elle accuse un déficit d'infrastructures ;
- faire l'objet d'une exploitation minière ;
- déposer sa requête en y joignant les documents ci-après :
    - un Inventaire des infrastructures susceptibles d'être financées par les bénéficiaires indirects des mesures incitatives (opérateurs miniers). Une fiche de description de chaque projet accompagnée d'une étude de faisabilité ;
    - une estimation des coûts d'investissements en perspective des compensations y relatives ;
    - la lettre d'engagement de tous les Opérateurs miniers de la Province à financer les projets d'infrastructures retenus ;
    - la déclaration formelle de l'acceptation du principe d'une décote sur la quotité de la redevance minière régulièrement perçue ;
    - l'Avis favorable de l'Assemblée Provinciale.
- Constituer pour chaque Opérateur minier, un dossier contenant les informations relatives aux éléments suivants :
    - l'Étude de faisabilité du projet d'exploitation minière ayant obtenu sa validation conformément à la procédure en la matière ;
    - le Modèle financier de l'investisseur, notamment le taux de rendement interne ;
    - le Profil de production (quantité par an, par exemple) ;
    - les Coûts : recherche, développement et exploitation, financement (volume de la dette, taux d'intérêt, échéanciers) ;
    - les Rapports annuels de la Société, déclarations auprès des Autorités boursières ;

- les Déclarations des revenus et états financiers (chiffres d'affaires, résultats avant impôts, amortissements et pertes de valeur, par exemple) ;
- la Documentation sur les prix de transfert (convention de prêt intragroupe, contrats d'achat anticipé, contrats de prestation de services).

Conformément à l'article 14 bis du Règlement Minier, spécialement en son alinéa 2 quatrième point, la Cellule Technique de Coordination et de Planification Minière, en sigle « CTCPM », est désignée pour examiner les requêtes introduites par les Provinces concernées. Cet examen porte essentiellement sur deux volets à savoir :

- la recevabilité de la requête ;
- l'analyse de la requête pour l'émission de l'avis technique favorable ou non favorable à la demande dans les soixante (60) jours ouvrables à dater de la réception du dossier de demande.

Dans l'accomplissement de cette tâche, la CTCPM peut requérir des informations complémentaires et, le cas échéant, recourir à une expertise extérieure. Après examen, l'avis technique favorable ou non favorable émis, accompagné d'un projet de Décret, est transmis au Ministre ayant les Mines dans ses attributions. L'avis technique favorable ou non favorable motivé est notifié à la Province.

Dans un délai de dix jours, à dater de la réception de l'Avis technique favorable ou non favorable de la CTCPM, le Ministre ayant les mines dans ses attributions transmets à Son Excellence Monsieur le Premier Ministre le dossier complet de la Requérante, en vue de son inscription à l'ordre du jour de la prochaine réunion du Conseil des Ministres.

Après approbation du Projet du Décret par le Conseil des Ministres, Son Excellence Monsieur le Ministre procède à la signature du Décret et le transmet, pour exécution, au Ministre ayant les Mines dans ses attributions.

D'autres maux enregistrés ces dernières années dans le sous-secteur minier industriel sont :

- impacts de l'activité minière artisanale sur le plan de la sécurité avec l'envahissement des périmètres miniers exclusifs par les exploitants miniers illégaux ;
- problème de volatilité des prix lorsque le sous-secteur artisanal offre sur le marché des grandes quantités de produits miniers à bas prix ;
- difficulté de cohabitation pacifique entre les exploitants artisanaux et les titulaires des droits miniers ou de carrières ;

- difficulté, parfois, de la relocalisation des populations en application de l'article 281 du Code minier qui parle de l'indemnisation, la compensation et la réinstallation des occupants du sol ;
- émiettement des actifs miniers des entreprises minières du portefeuille de l'Etat ;
- part prépondérante des entreprises minières privées par rapport aux entreprises minières du portefeuille de l'Etat ;
- absence de réserves minières certifiées ;
- absence des industries de transformation pour la transformation locale des produits miniers ;
- non-respect des règles de l'art par les exploitants miniers notamment, la non-application des dispositions relatives à la gestion de l'environnement minier ;
- problématique de la question des minerais déclarés « minerais stratégiques », à savoir le cobalt, le coltan et le germanium par Décret n°18/042 du 24 Novembre 2018 ;
- titres dormants détenus par les entreprises minières et particulières les Entreprises minières du portefeuille de l'Etat par manque de financement pour la recherche géologique et la certification des gisements.

Dans le tableau 16 sont présentés des titres dormants de quelques entreprises minières du portefeuille de l'État.

Tableau 17- Titres dormants des entreprises du portefeuille de l'Etat

Entreprises	Nombre de permis dormants	Types
Gécamines	114	3 ARPC, 6 AECP, 7 PR et 98 PE
SODIMICO	8	7 PE et 1 PER expiré
Entreprise	46	45 PR et 1 PE, tous expirés
Minière de Kisenge		
Minière d'or de Kisenge	34	30 PR expirés et 4 PE en cours
COMMINIERE	11 PR	4 PR en cours, 7 PR expirés
MIBA	72	26 PE dont 12 expirés et 46 PR dont 37 sont caducs
SAKIMA	46 PE	43 PE valides, 3 expirés
SOKIMO	25	15 PE (dont 2 expirés, 2 en renouvellement, 5 actifs, 6 en cession partielle), 6 PR en cours de transformation et 4 PR expirés
SACIM	8 PE	8 PE

Quels sont les défis du sous-secteur minier industriel ?

3.7. Défis du sous-secteur minier industriel

Parmi les grands défis qu'il faut relever pour résoudre les maux qui freinent le développement du sous-secteur minier industriel de la RDC, il y a les suivants :

- vulgarisation et application stricte de toutes les dispositions de la loi minière en vigueur dans le sous-secteur industriel ;
- amélioration de la gouvernance, la transparence et lutte contre toutes les formes de fraude par l'inspection des activités minières et l'application des sanctions prévues par la loi en cas de non-respect des dispositions de cette dernière et/ou de la fraude ;
- éliminer la concurrence déloyale et les impacts négatifs de l'activité artisanale sur l'activité industrielle (vols des minerais, sécurité, volatilité prix des produits miniers marchands) ;
- faire appliquer strictement les dispositions de la loi en matière de rapatriement des devises provenant des recettes des exportations pour permettre à ce que l'activité minière industrielle soutienne l'économie congolaise ;
- investissement dans la technologie de la transformation des sulfures comme alternative à l'épuisement des oxydes ;
- favoriser la transformation des minerais sur place comme l'exige le Code Minier par l'investissement d'infrastructures routières, ferroviaires et énergétiques pour diminuer les contraintes technico-économique à la base de la signature des moratoires pour l'exportation des minerais bruts ou semi-finis ;
- vulgariser la Note Circulaire relative à la mise en œuvre des procédures et modalités pratiques des dispositions de l'alinéa 3 de l'article 220 du Code Minier ;
- pousser les miniers au dialogue avec les communautés locales pour l'élaboration des cahiers de charges ;
- faire appliquer le manuel de procédures élaboré pour le paiement de la dotation de 0,3 % du chiffre d'affaires annuel pour contribution au développement communautaire ;
- booster la recherche géologique pour faciliter l'investissement privé ;

- financer la certification des gisements dormants des entreprises minières du portefeuille de l'Etat.

Que dire des maux et des défis des activités des entreprises minières du portefeuille de l'Etat ?

3.8. Maux et défis des activités des entreprises minières du portefeuille de l'État

Les entreprises minières du portefeuille de l'État connaissent beaucoup de problèmes depuis leur faillite vers les années 1990. Pendant plus de 20 ans, elles ont accumulé plusieurs dettes et charges sociales qui absorbent tous les financements perçus et rendant ainsi impossible toute relance. C'est ce qui explique que malgré le boom minier des années 2002, ces sociétés n'ont pas su mobiliser assez de moyens financiers pour maintenir leur activité de production, renouveler les équipements, adapter la production avec les nouvelles technologies comme l'extraction par solvant dans le cas de l'hydrométallurgie du cuivre et aussi subvenir aux besoins de paiement des dettes et charges sociales.

Quand les sociétés privées autorisées à exploiter les minerais avec la loi minière de 2002 investissent sur des actifs miniers moins importants que ceux des entreprises du portefeuille de l'État, ces dernières restent inactives, bradent leurs permis dormants et préfèrent gérer les fonds perçus des dividendes de quelques contrats de joint-venture arrachés et pour la plupart mal négociés avec des parts insignifiantes réservées à l'État. Seule la GECAMINES a pu maintenir une petite production de 22.331 tonnes de Cu et 599 tonnes de Co en 2020, soient 1,39 % de la production totale du Cu et 0,69 % de la production totale du Co enregistrée en 2021.

De plus, les Entreprises minières du portefeuille de l'Etat sont comptées parmi les champions du non-respect des obligations de la loi :

- le paiement régulier, dans le délai, des droits superficiaires annuels (article 196 du Code Minier) ;
- le commencement des travaux dans les délais pour les nouveaux droits (article 196 du Code Minier) ;
- le respect du cahier des charges convenu avec la communauté locale pour les droits d'exploitation (article 196 du Code Minier) ;
- le devoir de renouveler, dans les conditions prescrites pour chaque nature du droit, les permis arrivés à expiration.

Ces sociétés possèdent beaucoup d'actifs miniers dormants non développés par manque de financement et une bonne partie est non valide conformément au

Code Minier. Toute société, soit-elle du Portefeuille ou privée, est tenue de respecter les prescrits de la loi minière. La tolérance de cette situation constitue une dérogation de fait à la loi et donne un mauvais signal sur le climat des affaires en suggérant une application à deux vitesses du Code Minier. La relance des activités sur ces actifs exigerait donc la régularisation et la validation de tous les titres au Cadastre Minier.

L'application stricte de la loi vis-à-vis des opérateurs privés ainsi que des Entreprises minières de l'Etat va permettre au Pays de récupérer les terrains mis en jachère et de les réserver pour des nouveaux investissements après une évaluation préalable au moyen des études géologiques sur financements disponibles tels que le Fonds Minier pour les générations futures. La relance des activités des entreprises minières du portefeuille de l'Etat exige aussi la mobilisation des fonds. Ces fonds peuvent venir du Trésor Public si l'Etat mobilise suffisamment des recettes dans le secteur des mines, soit des investissements privés en signant de bons contrats de Joint-Venture puisqu'il faut rappeler que la plupart des contrats signés aujourd'hui par les entreprises du portefeuille avec les privés sont approuvés par leurs assemblées générales sans tenir compte de la valeur réelle des gisements. La relance des activités de ces sociétés exigera la certification de leurs gisements dormants.

Le suivant chapitre a pour objet l'exploitation minière artisanale.

Chapitre 4.

Exploitation minière artisanale

Ces pages portent sur l'exploitation minière artisanale. Elles sont organisées en cinq points. Le premier a pour pierre de touche l'importance du sous-secteur artisanal. Le second constitue l'état des lieux de ce secteur. J'en rappelle les maux identifiés au troisième point et relève les défis de l'exploitation minière artisanale au quatrième. Le dernier point évoque les efforts du gouvernement Ilunga Ilunkamba pour l'assainissement de ce sous-secteur par la règlementation particulière dans le cadre des activités artisanales des substances minérales stratégiques.

4.1. Importance du sous-secteur artisanal

Selon plusieurs études et rapports des Experts de divers horizons (BGR 2020, OFPRA 2014), le sous-secteur minier artisanal compte ±2.500.000 exploitants miniers artisanaux légaux et illégaux et ± 7.500 négociants dont dépendent pour leur survie ± 15.000.000 de personnes. Comme on peut s'en rendre compte, le nombre d'emplois directs ou indirects qu'offre ce sous-secteur de la RDC est un indice qui témoigne de son importance dans la vie sociale du pays. C'est donc un fait social non négligeable qui est au centre aujourd'hui de la politique minière de notre pays.

L'importance des activités artisanales est visible également dans certaines filières de production qui ne dépendent que de cette activité. Il ressort des statistiques de la CTCPM que l'exploitation de certaines ressources minérales telles que les 3T et les pierres précieuses dépendent totalement de l'exploitation artisanale. Et les filières diamantifères et des 3T contribuent largement aux recettes d'exportation des produits miniers marchands dans notre pays.

Par exemple, les statistiques relevées par la CTCPM en 2020 indiquent :

- 65 % de la production de la filière diamantifère proviennent du sous-secteur minier artisanal ;
- ±42 % de la production de la filière stannifère et ±90 % d'accompagnateurs (les 3T « Colombo-tantalite et Wolframite ») sont assurés par le sous-secteur minier artisanal ;

- tandis qu'entre 15 à 20 % de la production globale de la filière cuprifère et de la filière cobaltifère proviennent du sous-secteur minier artisanal ;
- la production de l'Or artisanal est importante en RDC mais mal quantifiée suite à la fraude et la contrebande minières.

Il est important de rappeler l'état des lieux du sous-secteur minier artisanal dans les pages qui suivent.

4.2. État des lieux du sous-secteur minier artisanal

En RDC, les activités du sous-secteur minier artisanal sont régies par la loi n°007/2002 du 11Juillet 2002 portant Code Minier, modifiée et complétée par la Loi n°18/001 du 09 Mars 2018. Il ressort des dispositions de cette loi que seules les personnes physiques majeures de nationalité Congolaise et membres d'une Coopérative Minière agréée peuvent être éligibles aux activités minières artisanales. Selon l'article 109 du Code Minier, une zone d'exploitation artisanale, ZEA en sigle, est instituée dans les limites d'une aire géographique couvrant au maximum deux carrés lorsque les facteurs techniques et économiques qui caractérisent les gîtes de substances minérales rencontrés sur cette zone ne permettent pas d'en assurer une exploitation industrielle ou semi-industrielle.

En 2021, seules 484 ZEA ont été instituées par le Ministère des mines mais les enquêtes sur terrain menées par plusieurs services, partenaires comme BGR et ONGs démontrent qu'il y a plus de sites artisanaux non formels (illicites) que formels sur l'étendue du territoire national et ces sites sont en majorité localisés à l'Est du pays avec l'exploitation de l'or, des minerais des 3T et des minerais cupro-cobaltifères comme l'indiquent les figures 13 et 14. L'étude de BGR (2021) nous renseigne qu'à l'Est de notre pays, il y a environ 2151 mines artisanales d'or et dans les provinces de l'ex Katanga, on dénombre 102 mines artisanales de cuivre et cobalt.

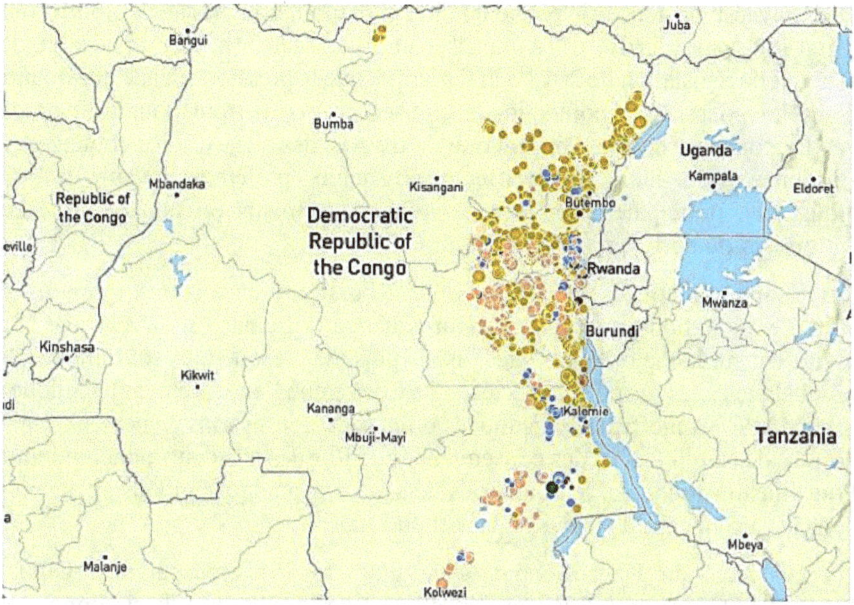

Figure 13 - Sites miniers artisanaux de l'or (BGR, 2021)

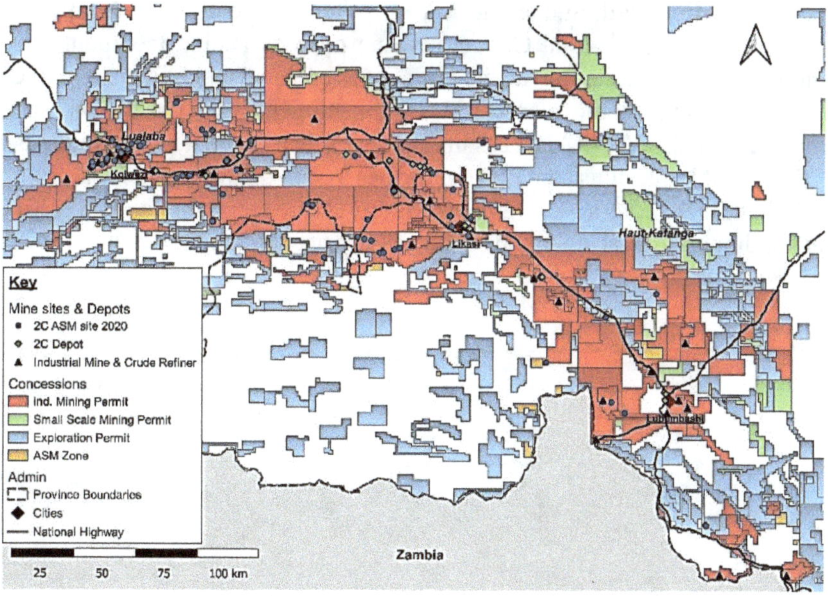

Figure 14- Les sites miniers industriels et artisanaux de cuivre et cobalt au Sud de la RDC (BGR, 2021

Donc, avec l'existence de plusieurs sites d'exploitation artisanale non formels, l'Etat congolais n'arrive pas à maîtriser son sous-secteur minier artisanal malgré la nouvelle législation de 2018. On remarque que la pression sociale et le manque d'emploi poussent la population à creuser un peu partout pour trouver quoi vendre pour leur survie. Par manque de trouver des sites viables contenant des ressources minérales, les creuseurs artisanaux préfèrent envahir les sites industriels, principalement les sites miniers dormants ou non exploités des entreprises du portefeuille de l'Etat.

Les données récoltées en 2020 et 2021 lors des inspections minières des sites d'exploitation artisanale au Haut-Katanga et Lualaba montrent que l'Etat est absent sur la majorité des sites visités puisque presque tous sont illicites. Sur les quelques sites formels inspectés, on a trouvé que l'encadrement technique du SAEMAPE est inefficace puisque les puits sont creusés sans respecter certaines normes de stabilité avec des conséquences de fois des accidents par éboulement. Pour illustrer tout cela, je donne des détails pour quelques grands sites connus dans les provinces du Haut-Katanga et du Lualaba.

Un des sites du Haut-Katanga avec plus de 865 creuseurs est celui de KARAJIPOPO situé à 7 km au Nord-ouest de la ville de Likasi (Longitude : 26°41'23'' latitude : 10°56'29''), dans une concession appartenant à la GECAMINES PE2809. Ce site non institué par l'Etat est exploité par la Coopérative Emak-C qui sort des minerais essentiellement de cobalt vendus dans les usines hydrométallurgiques de Likasi, principalement à Métal Mines. Les enquêtes ont montré que la Coopérative ne possède aucun document officiel d'autorisation d'exploitation du site privé et les creuseurs travaillent sans aucune carte d'exploitant conformément à la loi minière. De plus, par manque d'encadrement du SAEMAPE, ces mineurs artisanaux accèdent aux minerais par des puits dont les designs sont non conformes à ceux qui rassurent la stabilité des ouvrages miniers comme le montre la figure 15. Les rapports du Ministère des mines indiquent des accidents dans le passé par éboulement des puits dans ce site.

Figure 15- Photo illustrant deux puits du site de KARAJIPOPO séparés par une distance non conforme

L'autre constat malheureux qui viole la loi minière est la présence des étrangers qui fixent en plus eux-mêmes le prix d'achat des produits. L'inspection faite en 2020 signale également que la profondeur de certains puits de ce site artisanal de KARAJIPOPO dépasse de fois 40 m ; une profondeur largement supérieure à 30 m admis dans le cadre des activités minières artisanales comme maximum par la loi minière en vigueur.

Les constats sont presque les mêmes sur un autre site informel KABUSHONA du Haut-Katanga toujours ouvert sur une concession appartenant à la GECAMINES PE 12276 (situé à l'Est de la ville de Likasi. Longitude : 26°46'30'' latitude : 10°56'30''). Ce site est également exploité sans un encadrement technique du SAEMAPE et on peut observer de fois des venues d'eau importante qui risquerait de noyer les puits et leurs occupants. L'exploitation de ce site se fait par environ 150 creuseurs sans aucune carte et non organisés sous forme de Coopérative. Par manque de prestataires de traçabilité de minerais, les inspecteurs ont relevé eux-mêmes certaines caractéristiques des puits utilisés, des formations minérales, et ont fait analyser les minerais exploités. Il a été constaté que le site a un problème d'instabilité due à la nature des roches, la présence de l'eau dans les puits avec risques d'éboulement (roches trop friables et présence des remblais autour des puits) comme on peut le voir sur la figure 16.

Figure 16- Photos prise sur le site de KABUSHONA montrant la présence de l'eau à l'entrée d'un puits

Ces constats de l'exploitation artisanale sur les concessions des sociétés du portefeuille de l'Etat sans respect de la loi minière en vigueur confirment que l'Etat n'arrive pas à maîtriser son sous-secteur minier artisanal et est contraint, pour des raisons sociales, de laisser ces irrégularités qui ne lui profitent pas.

C'est la même situation au Haut-Katanga sur les sites de KARU, MABAYA, MYUNGA et MIKALO. Le tableau 17 donne les détails des données relevées sur les sites artisanaux du Haut-Katanga lors des diverses enquêtes menées par les services des mines.

Tableau 18- Données de quelques sites informels d'exploitation artisanale du Haut-Katanga

Sites	KARAJIPOPO	KABUSHONA	KARU	MABAYA	MYUNGA	MIKALO	MABAYA CENTRAL
Nature de l'activité	Informel	informel	informel	informel	informel	informel	informel
Coopérative	E-MAK-C	Aucune	SOCOMIACO	Aucune	CEMAIIPE	UMOJA	Aucune
Nombre de creuseurs	865	150	1800	-	-	50	600
Substances minérales	Minerais de cobalt	Minerais de cobalt	Minerais cuivre et cobalt	Minerais de cobalt	Minerais cuivre et cobalt	Minerais de cobalt	Minerais de cobalt
Puits	10	5	79	-	-	Excavation par tranchée	70
Dépôts	Métal Mines	Dépôt privé	-	-	-	UMOJA	-
Prestataires de service	Aucun	Aucun	Aucun	Aucun	Aucun	Aucun	Aucun
Présence personnes vulnérables	Absence	Absence	Absence	Absence	Absence	Absence	Absence
Validité documents	Aucun docu-ment	Aucun document	Aucun document	Aucun document	Aucun document	Aucun document	Aucun document
Autres observations	-Pas de carte pour creuseurs et négociants ;	-Pas de carte pour creuseurs et négociants	-Pas de carte pour creuseurs et négociants	-Site abandonné	-Pas de carte pour	-Pas de carte pour	-Pas de carte pour creuseurs

	-Présence des étrangers			depuis 5 ans -Présence de la garde industrielle de SOMIKA et de la police des mines	creuseurs et négociants ; -Présence de l'eau dans les puits	creuseurs et négociants ; -Présence de l'eau dans les puits	et négociants

Pour illustrer le désordre qui règne dans l'activité minière artisanale avec l'établissement des sites de fait et l'envahissement des concessions des droits miniers ou de carrières concédés des sociétés du portefeuille de l'Etat ainsi que le non-respect de certaines dispositions de la loi minière organisant cette activité, nous avons recueilli les résultats des enquêtes menées en 2020 et 2021 sur les sites miniers artisanaux du Lualaba du côté Kolwezi, les sites de Lenge, Kisanfu, Tilwezembe CMD, Biwaya, Dynamitière, UCK Drain, Tshipuki et Kawama et sur l'axe Kakanda, Kimbalasani, Kabolela, Tshomba, Mutaka, Kamimbi Soleil, Kamimbi DMS, Kamarenge MMR, Kamarenge Transval, Kasulu et Kamilombe. En dehors de trois sites seulement qui ont été institués par Arrêté Ministériel du Ministre des mines, la majorité est illicite et non formelle comme le montrent les données des tableaux 18 et 19.

Tableau 19 - Données techniques des sites d'exploitation artisanale du Lualaba côté Kolwezi

Sites	Aspect	Nbre creuseurs	Nbre puits identifiés	Substances	Présence des personnes vulnérables	Hygiène et sécurité
LENGE	Site de fait	700	50	Cobalt/Cuivre	Absence	Absence des toilettes et eau potable et manque d'équipements de protection individuelle
KISANFU	Illicite	400	18	Cobalt/Cuivre	Absence	Absence des toilettes et eau potable et manque d'équipements de protection individuelle
TILWEZEMBE CMD	RAS	Absence	RAS	Cobalt/Cuivre	Absence	IDEM
BIWAYA	Illicite	1200	RAS	Cobalt/Cuivre	Absence	IDEM
DYNAMITIERE	Illicite	200	9 dont 5 (cobalt) et 4 (cuivre)	Cobalt/Cuivre		IDEM

UCK DRAIN	Site de fait	1010	102 (en production), 65 (en forage), 15 (abandonnés) et 5 (accidentés)	Cobalt/Cuivre	Absence	IDEM
TSHIPUKI	Illicite	87	15	Cobalt		
KAWAMA/SHAWARA	Illicite	750	61 (en production), 29 (en forage), 47 (abandonnés)	Cobalt/Cuivre	Absence	Absence d'eau potable, présence des toilettes et quelques travailleurs équipés EPI (Équipement de protection individuelle)

Tableau 20 - Données techniques des sites d'exploitation artisanale du Lualaba sur l'axe Kakanda

Sites	Aspect	Nombre creuseurs	Nombre de puits identifiés	Substances	Présence des personnes vulnérables	Hygiène et sécurité
KIMBALASANI	Illicite	520	32 dont 8 opérationnels	Cuivre/cobalt	Absence	Absence d'eau potable et toilettes / Pas d'EPI appropriés
KABOLELA	Licite	150	200 dont 40 opérationnels	Cuivre/cobalt	Absence	Eau de source aménagée / Pad d'EPI appropriés
TSHOMBA	Licite	Absence	Aucun puit	Cuivre/cobalt	Absence	
MUTAKA	Illicite	Absence	Aucun puit	Cuivre/cobalt	Absence	
KAMIMBI/ SOLEIL	Illicite	Absence	Aucun puit	Cuivre/cobalt	Absence	
KAMIMBI/DMS	Illicite	Absence	RAS	Cuivre/cobalt	Absence	

KAMALENGE MMR	Licite	140	24	Cassitérite	Absence	Manque d'eau potable et des toilettes + Pas d'EPI
KAMALENGE TRANSVAL	Licite	90	11	Cassitérite	Absence	Manque d'eau potable et des toilettes + Pas d'EPI
KASULU	Site de fait	750	168	Cuivre/cobalt	Absence	Manque d'eau potable et des toilettes + Pas d'EPI
KAMILOMBE	Illicite	1340	37 (pour cobalt), 22 (pour cuivre)	Cuivre/cobalt	Absence	Manque d'eau potable et des toilettes + Pas d'EPI

Les conséquences du manque de maîtrise et encadrement par l'Etat des activités minières artisanales illicites sont notamment les accidents réguliers, de fois avec mort d'hommes, les conflits permanents entre les industriels et les creuseurs artisanaux, la fraude et la contrebande minières ainsi que l'exploitation minière sans respect des droits de l'homme et en utilisant les personnes vulnérables dont les enfants et les femmes enceintes.

Ce point est organisé en deux sous-points : les problèmes des conflits miniers entre les exploitants industriels et les creuseurs artisanaux d'une part, d'autre part j'évoque quelques cas d'accidents enregistrés sur les sites miniers artisanaux.

4.2.1. Problèmes des conflits miniers entre les exploitants industriels et les creuseurs artisanaux

Avec la libéralisation de l'exploitation minière artisanale, la pauvreté de la population congolaise a conduit cette dernière à rechercher partout à travers le pays, sur terre et même dans les rivières des substances minérales. Le refus de fois des populations autochtones, propriétaires de leurs terres à céder leurs terrains, conduit à des conflits entre les sociétés minières et les creuseurs artisanaux. Les cas de ce type de conflits sont courants à l'Est du pays dans les zones aurifères et les zones d'exploitation de coltan. On peut citer les cas ci-après :

- le conflit entre la société ALPHAMIN BISIE MINING SA et les creuseurs relocalisés du site de Bisie à Walikale vers le nouveau site de Kalayi Boeing au Nord-Kivu ;
- le conflit entre SMB et les creuseurs artisanaux de COOPERAMMA au Nord-Kivu ;
- les conflits permanents entre la société KIBALI GOLD MINES et les creuseurs d'or au Haut-Uele;
- le conflit entre BANRO et la population locale ayant même entraîné la fermeture des activités des mines de Namoya et Twangiza en 2020 au Maniema ;
- le conflit entre TFM et les creuseurs qui entrent régulièrement dans la concession pour voler des minerais, conflit résolu en 2019 par une intervention militaire au Lualaba ;
- le conflit entre KCC et les creuseurs au Lualaba, résolu également en faisant appel à l'armée en 2019 au Lualaba.

L'envahissement des concessions privées par les creuseurs et le vol des minerais des industriels sont devenus un problème sécuritaire pour l'activité minière industrielle. Ce n'est pas en faisant appel à l'armée qu'on arrive à décourager les creuseurs artisanaux. Ces derniers, suite à la pauvreté, sont déterminés et envahissent de fois des concessions avec des armes. La résolution durable de ces conflits passe le plus souvent par le dialogue entre les parties avec l'implication des autorités de la province et même du Ministère des mines. Les solutions proposées sont le plus souvent la cohabitation conformément à la loi minière avec l'accord du titulaire du permis d'exploitation et/ou la relocalisation des creuseurs vers un autre site étudié au préalable par le titulaire des droits miniers et/ou de carrières.

Le conflit entre SMB et les creuseurs de COOPERAMMA qui perdure depuis plus de 10 ans est devenu un dossier politique et sécuritaire dans la Province du Nord-Kivu, à cause de l'interférence ou mieux de l'ingérence des leaders politiques et de fois, à cause de l'usage des armes à feu sur le site. Pour résoudre cette question, comme mes prédécesseurs, nous avons entamé des discussions avec les deux parties à Goma et même à Kinshasa. Mais malheureusement, le constat fait est que chaque partie n'appliquait pas sur terrain les résolutions des concertations. Le Premier Ministre Ilunga Ilunkamba avait même suggéré une descente sur le site pour discuter avec les exploitants artisanaux. Seulement, le problème sécuritaire ne le permettait pas compte tenu de la présence des armes dans les puits (Information donnée par nos aviseurs sur site).

Même mes prédécesseurs ont réuni à plusieurs reprises les deux protagonistes. Un protocole d'accord avait même été signé, lequel vient d'expirer. Pendant que le protocole d'accord était valide, il n'y a eu que des problèmes entre les deux parties. Pour ma part, je pense qu'il faudrait un dialogue sincère entre les deux parties et une réconciliation entre les leaders politiques. Dans ce cadre, la Coopérative Minière COOPERAMMA doit reconnaître que SMB est titulaire du droit minier d'exploitation là où elle se trouve. SMB, pour raison de préservation de la paix sociale, doit accepter la présence de cette Coopérative Minière dans l'un de ses périmètres miniers pour sauvegarder la paix sociale dans le MASISI.

Dans cette perspective, il serait donc souhaitable d'encourager la renégociation d'un nouveau protocole d'accord entre les deux parties, sous l'Autorité du Ministère des Mines, d'une part et à inviter les tireurs des ficelles, les leaders politiques de la contrée de mettre fin aux conflits, d'autre part.

Il convient d'évoquer certains cas d'accident enregistrés sur les sites miniers artisanaux.

4.2.2 Quelques cas d'accidents enregistrés sur les sites miniers artisanaux

Je signale la noyade des puits d'exploitation à Kamituga. Éboulements dans les sites miniers artisanaux au Maniema. Glissement de terrain dans un puits à Mutoshi. Je n'oublie pas non plus l'éboulement sur le site minier de Kinsunka au Haut-Katanga, l'éboulement dans la mine artisanale de Ndiyo dans le territoire de Watsa au Haut-Uélé, l'inondation des puits d'exploitation artisanale suite au débordement des eaux de la rivière de Musonoï.

4.2.2.1. Noyade des puits d'exploitation à Kamituga

Le vendredi 11 Septembre 2020, un accident a eu lieu sur le site minier artisanal dénommé D3/TSHANDA dans le groupement de Baligi, Chefferie de Wamuzimu, en territoire de Mwenga dans la province du Sud-Kivu ayant causé mort d'hommes. Il s'agit d'un accident causé par les pluies diluviennes qui se sont abattues ce jour-là sur la ville de Kamituga et ses environs, ayant entraîné le débordement de la rivière Mobale jusqu'aux sites miniers artisanaux. Les eaux de ruissellement ont ainsi à leur passage, charrié les rejets d'exploitation et les débris divers qui ont englouti les exploitants artisanaux en activité dans deux des trois puits du site minier dit D3. Le rapport du SAEMAPE avait indiqué que sur le site, il y avait la présence de deux coopératives agréées qui exploitaient les minerais : Coopérative Principale des Creuseurs Artisanaux de Mwenga « CEPCAM » et Coopérative Minière de Bitanga et Lukala « COMIBAL », mais les coordonnées géographiques relevées sur le site indiquent que les puits d'exploitation artisanale en question étaient situés sur un périmètre concédé sans autorisation du titulaire du permis.

Il y a aussi l'éboulement dans les sites miniers artisanaux du Maniema qu'il me faut évoquer.

4.2.2.2 Éboulements dans les sites miniers artisanaux au Maniema

En date du 26 Octobre 2020, il s'est produit un éboulement sur un site minier à 17 km du village KAMA dans le Territoire de Pangi, province du Maniema. Un exploitant minier artisanal clandestin non autrement identifié est mort. Sur le même site, un autre éboulement a eu lieu le 14 Décembre 2020 avec deux blessés graves acheminés à l'hôpital, et l'un des deux a malheureusement succombé de ses blessures. Le 15 Décembre 2020, entre Kama et Bikenge, dans le site de Kabonga, un autre éboulement a eu lieu causant 3 morts.

Je me rappelle en outre du glissement de terrain dans un puits à Mutoshi.

4.2.2.3. Glissement de terrain dans un puits à Mutoshi

Le 11 Décembre 2020, des clandestins sont partis exploiter dans le puits de Mutoshi dans la province du Lualaba, et pourtant ce puits était déjà fermé en attendant réparation puisqu'identifié dangereux. L'exploitation opérée la nuit par ces clandestins a provoqué un glissement de terrain qui a causé la mort d'une personne.

Je n'oublie pas non plus l'éboulement sur le site minier de Kinsunka au Haut-Katanga.

4.2.2.4. Eboulement sur le site minier de Kinsunka au Haut-Katanga

En date du 29 Mars 2021, un éboulement s'est déclaré sur le site minier de KISUNKA dans la ZEA 669 en province du Haut-Katanga. Six exploitants artisanaux ont été bloqués dans une des galeries d'exploitation. Après la fouille organisée par le SAEMAPE en vue d'un passage d'évaluation, cinq exploitants artisanaux ont été sauvés et un sixième avait déjà trouvé la mort.

Il me faut signaler l'éboulement dans la mine artisanale de Ndiyo dans le territoire de Watsa au Haut-Uélé

4.2.2.5. Eboulement dans la mine artisanale de Ndiyo dans le territoire de Watsa au Haut-Uélé

En date du 14 Décembre 2019, le Ministère des mines a enregistré un éboulement survenu dans la mine artisanale de Ndiyo à Bulambula en Territoire de Watsa, dans la Province du Haut-Uélé. La cause de cet accident est un glissement de terrain. Le bilan était lourd d'environ 30 creuseurs morts de sorte que la décision qui a été prise était de fermer définitivement ce site.

Il y a aussi l'inondation des puits d'exploitation artisanale suite au débordement des eaux de la rivière de Musonoï

4.2.2.6. Inondation des puits d'exploitation artisanale suite au débordement des eaux de la rivière de Musonoï

En date du 30 Janvier 2021, aux environs de minuit, il y a eu une inondation due à un débordement des eaux de la rivière Musonoï aux alentours d'une exploitation artisanale illicite, dans le territoire de Mutshatsha dans la province du Lualaba. Les autorités provinciales et les responsables des services du Ministère des mines ont initié l'évacuation des eaux des puits inondés pour essayer de dégager un certain nombre de creuseurs coincés dans ces puits. Malheureusement, il y a eu mort d'hommes par noyade.

Quels sont les maux identifiés dans le sous-secteur minier artisanal.

4.3. Maux identifiés du sous-secteur minier artisanal

Le sous-secteur minier artisanal souffre des problèmes de gestion et de beaucoup de maux qui vont des activités illicites à la contrebande, jusqu'à l'exploitation des enfants et des personnes vulnérables telles que les femmes enceintes. Plusieurs études évoquent les problèmes de la gouvernance du sous-secteur minier artisanal en insistant sur la fraude, la contrebande minière, la surexploitation des creuseurs artisanaux, les conflits entre les creuseurs et les industriels, la présence des enfants dans les mines, etc. Les données plus récentes que nous recommandons aux lecteurs sont :

- l'étude de Kabemba et al. (2020) qui porte sur la surexploitation et l'injustice contre les creuseurs artisanaux dans la chaine d'approvisionnement du cobalt congolais ;
- le Rapport International Crisis Group (2020) intitulé Eviter le conflit dans le cœur minier de la RD Congo ;
- l'étude menée par BGR (2021) sur les chaînes d'approvisionnement et conditions d'exploitations artisanales du secteur cupro-cobaltifère en République Démocratique du Congo ;
- l'ouvrage de Odya et al. (2021) sur la fraude et la contrebande minières en RD Congo.

Nos propres inspections sur terrain ont mis en évidence cette mauvaise organisation et gestion du sous-secteur minier artisanal à la base de tous les maux identifiés. Les minerais sont extraits et vendus en suivant des chaînes d'approvisionnement non responsables de sorte que l'Etat congolais ne profite presque pas des revenus de cette activité. A l'heure actuelle, ce sont les filières de l'or, du coltan et du cobalt qui attirent aujourd'hui le plus de convoitise conduisant à la fraude minière. Le cobalt s'est joint à l'or et au coltan convoités depuis plusieurs années suite à l'embellie des cours des métaux ces dernières années et les conséquences sur terrain sont, entre autres, la multiplication des vols des minerais dans les concessions des privés et de fois, l'envahissement des sites à droits miniers ou de carrières concédés.

Ci-dessous, j'énumère l'ensemble des maux qui ont été identifiés et qui nécessitent une prise en compte dans l'action gouvernementale pour améliorer l'organisation et la gestion des activités de cette exploitation artisanale des ressources minérales du sol et sous-sol congolais nécessaires à notre population :

- manque de transparence et de bonne gouvernance (les bonnes pratiques) ;
- beaucoup d'activités illicites sur des sites informels non contrôlés par les services habilités ;
- la fraude et la contrebande minières sous toutes ses formes ;
- exploitation concentrée dans les mêmes zones des droits miniers et de carrières concédés ;
- plusieurs ZEA instituées dans le passé non viables par manque de recherches géologiques et/ou de certification des gisements par l'Etat congolais ;
- majorité des ZEA viables instituées dans le passé ont déjà dépassé la profondeur limite de 30 m admise dans le CM ;
- pratiques de surexploitation des artisanaux par la manipulation des poids et teneur des minerais pour réduire leurs revenus ;
- manque d'encadrement technique efficient à la base de plusieurs accidents dans les mines artisanales, parfois avec mort d'hommes ;
- présence et travail des personnes vulnérables (enfants et femmes enceintes) sur certains sites d'activité artisanale ;
- niveau insuffisant de la formalisation du sous-secteur minier artisanal (nombre insuffisant des zones d'exploitation artisanale, ZEA, mise en œuvre partielle des systèmes de traçabilité des minerais, caractère nomade du travail des exploitants artisanaux, etc. ;
- manque d'accès au crédit pour les coopératives minières ;
- problématique de la cohabitation pacifique entre les exploitants artisanaux et les titulaires des droits miniers et/ou de carrières ;
- envahissement des périmètres miniers couverts par des titres miniers exclusifs ;
- présence des services non autorisés dans les sites d'exploitation artisanale ;
- manque des statistiques minières fiables ;
- multiplicité des taxes illégales ;

- occupation de plusieurs sites miniers artisanaux par les groupes armés non étatiques d'une part, et par certains incontrôlés ou indisciplinés des forces régulières, c'est-à-dire au sein des FARDC ou de la PNC, d'autre part. A ce propos, certaines ONGs locales et internationales, ainsi que certaines organisations de la Société Civile parlent de l'affairisme des officiers de nos forces armées ou de la police ;

Deux des impacts négatifs de l'artisanat sur l'exploitation industrielle sont la perturbation et la volatilité des prix sur le marché lorsque les quantités des produits de l'artisanat obtenus à un coût faible deviennent importantes.

Les problèmes du non-respect des Droits de l'Homme, de la présence des enfants dans certaines mines artisanales légales et illégales, de la traçabilité des minerais, de la fraude et la contrebande minières et la présence des groupes armés à l'Est sur certains sites miniers ternissent l'image de l'exploitation minière de la RDC.

Tous ces multiples maux décriés par tous, ayant souvent entraîné la décrédibilisation du sous-secteur minier artisanal de la RDC n'ont jamais laissé indifférents les Autorités de notre pays, les partenaires techniques et financiers du secteur des mines, les ONGs nationales et internationales ainsi que la société civile.

Depuis 1960, tous les Gouvernements qui se sont succédé ont fourni des efforts pour mieux organiser l'activité artisanale comme on peut le lire à travers les différents textes juridiques ci-après :

- la loi n°67/231 du 11 mai 1967 portant législation générale sur les mines et les hydrocarbures qui a introduit des dispositions relatives « à l'exploitation minière artisanale », et ce, dans le but de favoriser l'accession des Nationaux à l'exploitation des mines, et de ramener à la légalité les exploitations clandestines ;

- la Loi n°81-013 du 02 avril 1981 portant législation générale sur les mines et les hydrocarbures, comme la loi précédente, va réserver l'exploitation minière artisanale aux seuls Congolais, personnes physiques, régulièrement instruits et recensés à l'Etat Civil du Territoire de la Zone d'exploitation concernée ;

- l'Ordonnance-Loi n°82-039 du 05 novembre 1982 qui a permis la libéralisation du secteur de l'exploitation minière artisanale, particulièrement des substances précieuses, principalement le diamant et l'or. Ce texte législatif va donc permettre l'entrée massive des Congolais dans le sous-secteur minier artisanal ;

- la Loi n°007/2002 du 11 juillet 2002 portant Code Minier va consacrer définitivement l'exploitation minière artisanale.

Dans la filière cupro-cobaltifère, c'est l'Arrêté Ministériel n°009bis/CAB.MIN/00/MN/199 du 19 février 2019 portant règlementation, autorisation de l'exploitation minière artisanale et commercialisation de la malachite, de l'hétérogénite, de la cassitérite et leurs accompagnateurs qui consacrent officiellement l'exploitation minière artisanale dans ces filières.

Aujourd'hui, c'est la loi minière révisée en 2018 qui organise l'exploitation minière artisanale. Dans cette loi, le législateur a même proposé des pistes de solution pour l'assainissement du secteur artisanal en mettant l'action sur la formalisation et la viabilisation des sites miniers artisanaux, ainsi que sur la mise en œuvre des principes de traçabilité, de certification et de diligence raisonnable afin d'instaurer des chaînes d'approvisionnement responsables dans le sous-secteur minier artisanal.

J'évoque la lutte contre la fraude et la contrebande minières par la mise en place des systèmes de traçabilité et de certification des chaînes d'approvisionnement en minerais, la lutte contre le travail des personnes vulnérables dont les enfants et les femmes enceintes dans le sous-secteur minier artisanal.

4.3.1 Lutte contre la fraude et la contrebande minières par la mise en place des systèmes de traçabilité et de certification des chaînes d'approvisionnement en minerais

En tolérant plusieurs activités minières artisanales non formelles à travers le territoire national, on constate aujourd'hui que la corruption, la fraude et la contrebande minières se sont développées. Ces infractions, punies par la loi minière, doivent être découragées en renforçant le travail des services de contrôle tels que le CEEC, les divisions et inspections des mines, la CNLFM,…

La fraude transfrontalière dans le secteur minier est celle qui a pris une ampleur inimaginable de sorte qu'elle est devenue aujourd'hui l'une des causes principales d'insécurité à l'Est de notre pays. Il faut noter que sur les sites illicites et informels, il n y a pas de prestataires de traçabilité des minerais et donc malgré la législation qui a permis à la RDC de mettre en œuvre des système de traçabilité et/ou de certification des minerais, tout le monde et même les industriels qui gèrent les entités de traitement préfèrent entretenir ce désordre dans l'artisanat pour pouvoir se procurer des minerais provenant de ces zones à bas prix, sans aucun paiement des impôts, taxes, droits et redevances de l'Etat.

Toute la chaîne d'approvisionnement des minerais du sous-secteur minier artisanal pose problèmes et est décrié par le monde entier qui pousse la RDC à adopter des stratégies et mécanismes de lutte contre la fraude et la contrebande minières en appliquant des normes de certification et traçabilité rigoureuses et acceptées par toutes les parties prenantes du sous-secteur.

Aujourd'hui des efforts ont été faits en adoptant les normes des systèmes ci-après :

- le système de traçabilité « ITSCi » de l'ONG « ITRi » ,devenu aujourd'hui «ITA». Ce système combine l'étiquetage des lots des minerais et l'exercice du devoir de diligence. Les Agents de l'ITRi ne peuvent opérer que dans des sites miniers qualifiés « Verts » où il n'existe pas la présence des enfants et des femmes enceintes, ainsi que de violation des droits humains ;
- le système de traçabilité « GeoT » mis en œuvre par BSP (Better Sourcing Program) qui met l'accent sur le monitoring et l'exercice du devoir de diligence ;
- le système de traçabilité dénommé Initiative de Traçabilité de l'Or Artisanal, en sigle « ITOA », mis en place par le CEEC pour tracer l'Or artisanal. Ce système combine le système des sachets inviolables et l'exercice du devoir de diligence ;
- le système de certification « CTC » de l'Organisme Allemand BGR qui met l'accent sur le respect des droits humains dans les sites miniers artisanaux[4].

Que dire sur la Lutte contre le travail des personnes vulnérables dont les enfants et les femmes enceintes dans le sous-secteur minier artisanal ?

4.3.2. Lutte contre le travail des personnes vulnérables dont les enfants et les femmes enceintes dans le sous-secteur minier artisanal

La question du travail des enfants dans les mines artisanales est principalement sociale car liée à la pauvreté et à la précarité de la vie de plusieurs ménages qui incitent les enfants, malgré leur âge et leurs conditions physiques, à travailler dans les conditions difficiles pour compléter les revenus des parents.

Dans les actions de 2020 et 2021 du Gouvernement Ilunga Ilunkamba, la question de la lutte contre la présence des enfants dans les mines artisanales était parmi les actions prioritaires qui devaient éviter au pays d'être sanctionné par la communauté internationale sur le marché des produits miniers. C'est dans ce cadre qu'en tant que Ministre des mines, nous avions organisé plusieurs ateliers

4 https://www.bgr.bund.de/EN/Themen/Min_rohstoffe/CTC/Mineral-Certification-DRC/CTC_DRC_node_en.html;jsessionid=6C50ECF2E5232A6A325213A60635F0D4.2_cid321

de réflexion et conférences avec les Autorités provinciales, les ONGS et les Partenaires Techniques et Financiers du secteur des mines.

Les rencontres les plus importantes ayant permis de formuler plusieurs recommandations au Gouvernement sont celles organisées à Lubumbashi, du 29 au 30 Septembre 2020, avec World Vision sur la protection des enfants contre l'exploitation et les pires formes de travail dans nos provinces et celles de Kolwezi, du 23 au 24 Novembre 2020, sur la lutte contre le travail des enfants dans le sous-secteur minier artisanal. Dans toutes ces rencontres, nous avons donné la politique du Gouvernement relative au respect des droits de l'homme et à la lutte contre le travail des enfants et des personnes vulnérables dans le sous-secteur minier artisanal en RDC.

A travers l'atelier de Lubumbashi, nous avons montré à tous les partenaires intervenant dans le sous-secteur minier artisanal que la RDC s'est déjà dotée de plusieurs textes légaux et règlementaires lesquels contiennent des dispositions portant sur l'interdiction du travail des enfants, la protection des enfants et des personnes vulnérables, le respect des droits de l'homme, etc. Il s'agit notamment de :

- la loi minière n°007/2002 du 11 Juillet 2002 portant Code Minier. Celle-ci a été modifiée et complétée par la Loi n°18/001 du 09 Mars 2018 qui interdit la présence des enfants sur les sites d'exploitation minière artisanale ;
- la Loi n°15-2002 du 16 Octobre 2002 portant Code du Travail telle que modifiée et complétée par la Loi n°16/010 du 15 Juillet 2016 ;
- la Loi n°09/001 du 10 Janvier 2009 portant Protection de l'Enfant.

Par ailleurs, après la publication du rapport d'Amnesty International et l'ONG « Afrewatch », en Janvier 2016, lequel avait mis en relief les conditions indignes et inhumaines du travail des enfants dans le secteur de Cobalt de production artisanale, le Ministre des Mines a dû :

- signer la Note-Circulaire n°0007/CAB.MIN/MINES/01/2017 du 07 Août 2017 portant rappel des dispositions pertinentes légales et règlementaires interdisant le travail des enfants dans le sous-secteur minier artisanal de la RDC ;
- élaborer et faire adopter par toutes les parties prenantes:
- la Stratégie Nationale Sectorielle de lutte contre le travail des enfants dans les mines artisanales et sur les sites miniers artisanaux en RDC. Cette Stratégie a été adoptée le 31 Août 2017 ;
- le Plan Opérationnel de ladite Stratégie Nationale Sectorielle de lutte contre le travail des enfants dans les mines artisanales et sur les sites

miniers artisanaux en RDC, à la date du 21 Novembre 2019. Ce plan opérationnel sera publié le 24 Avril 2020.

Il sied de rappeler et de souligner que le Gouvernement de la RDC avait déjà pris la mesure de la question du travail des enfants comme une violation de leurs droits, mieux une atteinte grave aux droits humains, avant la publication du rapport d'Amnesty International et de l'ONG Afrewatch en 2016.

En effet, en 2011, le Gouvernement de la RDC, à travers le Ministère de l'Emploi, Travail et Prévoyance Sociale avait mis en place le Comité National de lutte contre les pires formes de travail des enfants en RDC. Ce Comité a élaboré et rendu public en Décembre 2011, le Plan d'Action National de lutte contre les pires formes de travail des enfants en RDC (2012-2020) lequel document devait permettre à ce Ministère de coordonner les actions de lutte contre le travail des enfants dans tous les secteurs vitaux de la vie socio-économique nationale. Compte tenu du champ d'application si vaste, ce Plan a prévu l'adoption des Plans sectoriels.

En 2016, après la publication du rapport pré rappelé, sur instructions de la Haute Hiérarchie du pays, le Premier Ministre, Chef du Gouvernement a transmis lesdites instructions au Ministre des Mines, suivant sa lettre n°CAB/PM/CEMI/ABB/2016/3987 du 11 Juillet 2016, principalement celles de travailler en étroite collaboration avec les autres Ministères et Institutions Publiques ou Privées. D'où la mise en place de la Commission Interministérielle chargée du suivi de la question du travail des enfants dans les mines artisanales et sur les sites miniers artisanaux en RDC, en Août 2016. Cette Commission Interministérielle est dirigée par le Secrétaire Général du Ministère des Mines, secondé par un Fonctionnaire du Ministère du Travail revêtu de grade de Directeur.

Par ailleurs, il sied de souligner que l'existence juridique de cette Structure Interministérielle a été formalisée par l'Arrêté Ministériel n°00122/CAB.MIN/MINES/01/2020 du 06 Mars 2020 portant création, organisation et fonctionnement de la Commission Interministérielle chargée du suivi de la question du travail des enfants dans les mines artisanales, en sigle « CISTEMA ». Bref, il existe aujourd'hui, une Structure Interministérielle au sein du Gouvernement qui coordonne toutes les actions de lutte contre le travail des enfants dans le sous-secteur minier artisanal, sous la coordination du Ministère des Mines, représenté par le Ministre ayant les Mines dans ses attributions.

Il y a également des actions qui sont menées par toutes les parties prenantes impliquées dans le processus d'élimination du travail des enfants et du respect des droits de l'homme dans le sous-secteur minier artisanal de la RDC. Il s'agit de ceux menés aux niveaux du Gouvernement Central (Ministère des mines), des Gouvernements Provinciaux, des partenaires techniques et financiers et les ONGs locales et internationales.

Pour le Gouvernement central représenté par le Ministère des mines, les actions à mener qui ont été retenues sont, de manière chronologique, les suivantes :

- publication de la Note-Circulaire n°0002/CAB.MIN/MINES/01/2011 du 06 Septembre 2011 relative à l'application obligatoire des directives et recommandations du Guide de l'OCDE sur le devoir de diligence ;
- lancement en 2013, sur financement de la Banque Mondiale, à travers le Projet d'Appui au Secteur Minier « PROMINES », d'une activité pilote portant sur l'éradication du travail des enfants dans l'exploitation minière artisanale à Kolwezi et ses environs ;
- mesures prises par le Ministre National des Mines concernant l'expulsion de tous les enfants et les femmes enceintes dans tous les sites miniers artisanaux, au cours de sa mission d'inspection, du 31 Mai au 05 Juin 2016, dans la Province de l'Ituri ;
- mesures prises par le Ministre National des Mines relatives à l'interdiction de toutes activités d'exploitation minière artisanale dans les quartiers de KASULO et TSHIPUKI dans la Ville de Kolwezi, en Province de Lualaba, en déclarant ces sites miniers situés dans la Ville de Kolwezi « sites miniers rouges », selon la classification de la CIRGL sur le statut des sites miniers artisanaux, d'où la mesure de délocalisation des résidents du quartier de KASULO vers le site minier de Samukinda afin d'éliminer la présence non seulement des enfants mais aussi des femmes : ± 800 ménages ont été délocalisés ;
- mise en place de la Commission Interministérielle chargée de suivi de la problématique de la question du travail des enfants dans les mines artisanales et sur les sites miniers artisanaux en RDC ;
- lancement de la campagne de vulgarisation de la Note-Circulaire n°0007/CAB.MIN/MINES/01/2017 du 07 Août 2017 portant rappel des dispositions des Codes Miniers et du Travail interdisant le travail des enfants dans les mines artisanales par Monsieur le Secrétaire Général aux Mines, Président de la Commission Interministérielle de lutte contre le travail des enfants dans les mines artisanales, à la tête d'une équipe d'Experts de ladite Commission, dans les Provinces du Haut-Katanga et de Lualaba, au mois de Septembre 2017 et Septembre 2018 ;
- lettre n°CAB.MIN/MINES/01/1025/2016 du 22 Juillet 2016 adressée à tous les Gouverneurs de Provinces de veiller à l'interdiction stricte du travail des enfants et des femmes enceintes dans le sous-secteur minier artisanal ;
- instructions relatives à l'insertion d'une disposition dans tout Arrêté portant agrément au titre de Coopérative Minière agréée d'une disposition interdisant l'utilisation des personnes mineures d'âge dans

les opérations d'extraction, de transport et de commercialisation des minerais, en cas de violation de cette disposition, des sanctions administratives sont appliquées à l'endroit des Coopératives contrevenantes ;

- formalisation de l'existence juridique de la Commission Interministérielle chargée du suivi de la question du travail des enfants dans les mines artisanales, « CISTEMA » par Arrêté Ministériel n°00122/CAB.MIN/MINES/01/2020 du 06 Mars 2020 ;
- validation du plan opérationnel de la Stratégie Nationale Sectorielle de lutte contre le travail des enfants dans les mines artisanales et sur les sites miniers artisanaux en RDC, le 21 Novembre 2019 et sa publication officielle le 24 Avril 2020 ;
- la lettre référencée n°CAB.MIN/MINES/01/01101/2020 du 17 Septembre 2020 adressée à tous les Gouverneurs de Provinces de rendre opérationnelles les « CISTEMA Provinciales » dans leurs juridictions respectives ;
- mise en place du Projet Social «PABEA-Cobalt» financé par la BAD, à la hauteur des 86.000.000 USD, au niveau du Ministère des Affaires Sociales, à travers le Service « Fonds National de Promotion et de Sécurité Social ».

Au niveau des Gouvernements Provinciaux, des recommandations ont été formulées pour les Provinces du Lualaba, du Haut-Katanga, de l'Ituri et du Kasai Oriental.

Au niveau du Gouvernement Provincial de la Province du Lualaba, il a été demandé les actions énumérées ci-dessous :

- mise en place d'un Comité Provincial d'alerte et de surveillance pour la lutte contre la présence des enfants et des femmes enceintes dans les mines artisanales par Arrêté du Gouverneur de Province ;
- mise en place des Comités Locaux pour des missions de sensibilisation et des actions de proximité dans les sites miniers artisanaux ;
- mise en place du cadre de concertation Provincial en charge du Genre, Femme, Enfant, Famille, Affaires Humanitaires, Travail, etc., sous la facilitation de l'ONG PACT ;
- élaboration d'un plan de sortie des enfants dans la chaîne d'approvisionnement en minerais de production artisanale ;
- appui aux ONG locales impliquées dans l'éradication du travail des enfants dans les mines artisanales.

Au niveau du Gouvernement Provincial de la Province du Haut-Katanga, les Autorités de la province devait mener les actions suivantes :

- organisation des campagnes de sensibilisation par le Ministère Provincial en charge des Mines avec l'aide du SAEMAPE (ex-SAESSCAM) pour appuyer et accompagner les actions d'IDAK pour l'éradication du travail des enfants dans les mines ;
- soutien du Ministère Provincial des Mines à l'organisation de l'Atelier tenu du 03 au 05 Août 2017, ayant mis en place un plan opérationnel de la Stratégie multi-acteur pour l'éradication du travail des enfants dans les sites miniers et les mines artisanales du Haut-Katanga ;
- élaboration d'un Plan opérationnel pour la sortie des enfants dans la chaîne de production des minerais de Cuivre et de Cobalt. Ce plan provincial a été présenté lors de l'atelier sur l'élaboration de la Stratégie Nationale Sectorielle tenu du 28 Août au 01 Septembre 2017, à Kinshasa ;
- en 2018, élaboration d'un projet avec les Ministères Provinciaux de l'Enseignement Primaire et Secondaire et de l'Agriculture pour la récupération des enfants évoluant sur les sites miniers, afin de les remettre à l'école, pour les plus jeunes, et la formation aux techniques agricoles, pour ceux qui sont âgés de plus de 15 ans. Ce projet sera financé par la Banque Africaine de Développement (BAD). Les pourparlers sont en cours avec cette Banque.

Pour la Province de l'Ituri, le Gouvernement provincial devait prendre des mesures d'expulsions des enfants dans les sites miniers artisanaux de la Province, en exécution des instructions contenues dans la lettre référencée n°CAB.MIN/MINES/01/1025/2016 du 22 Juillet 2016.

Pour la Province du Kasaï-Oriental, le Gouvernement provincial devait exécuter le plan de sortie des enfants des sites miniers artisanaux de la filière diamantifère des Autorités Provinciales avec le concours de l'ONG Internationale " Development Diamond Initiative" en sigle « DDI ».

Concernant les Partenaires Techniques et Financiers, il y a lieu de signaler ceux qui accompagnent le Gouvernement de la RDC en matière de lutte contre les pires formes du travail des enfants au niveau du Ministère des Mines. Il s'agit principalement de :

- l'OIT/BIT, à travers son Bureau-Pays qui supervise également les pays de l'Afrique Centrale. Ce Bureau apporte un appui technique à la mise en place de la Commission Interministérielle de lutte contre le travail des enfants. Il accompagne la RDC, par le biais du Ministère des Mines, dans le processus d'adhésion de notre pays à l'Alliance 8.7 ;

- le Projet « COTECCO », financé par le Département de Travail des USA, et supervisé par le Bureau-Pays de l'OIT/BIT en RDC est un Partenaire privilégié de la Commission Interministérielle «CISTEMA» pour avoir (s'être) :
    - recruté et pris en charge financièrement le Consultant National chargé d'élaborer le plan opérationnel de la Stratégie Nationale Sectorielle de lutte contre le travail des enfants dans les mines artisanales. De même, ce Projet vient de recruter le Consultant National chargé d'élaborer la stratégie sectorielle de communication du plan opérationnel ;
    - organisé deux ateliers de renforcement des capacités en faveur des Membres de la « CISTEMA Centrale » ;
    - installé à Kolwezi, Chef-Lieu de la Province de Lualaba pour appuyer la mise en place de la « CISTEMA Provinciale », au titre de Projet pilote ;
    - programmé l'organisation de trois ateliers à Kinshasa et à Kolwezi, d'ici la fin de l'année 2020 ;
- le Projet de la GIZ « Cobalt pour le développement » pour appuyer de centaines de ménages d'avoir des moyens de subsistance conséquents en vue de s'occuper de leurs enfants ;
- la Banque Africaine de Développement «BAD» qui finance le Projet social «PABEA- Cobalt » dans la filière cupro-cobaltifère pour le retrait des enfants des sites miniers avec des solutions durables et alternatives pour les parents, donc les ménages. Ce Projet est piloté par le « Fonds National de Promotion et de Sécurité Sociale », en sigle « FNPSS », du Ministère des Affaires Sociales.

De même, les ONGs comme PACT, Bon Pasteur, World Vision et UNICEFsont très actives sur terrain pour cette lutte contre le travail des enfants dans les mines artisanales. L'ONG « PACT » qui accompagne l'ONG ITRi/ITA dans la mise en œuvre de son système de traçabilité, mérite une mention spéciale. En effet, dans son travail, elle s'occupe du retrait des enfants dans tous les sites miniers où elle opère. Le 08 Septembre 2020, elle a organisé à Kolwezi, une double cérémonie pour honorer 230 enfants retirés des sites miniers, à l'issue de leur formation en informatique et en mécanique auto d'une part, et pour restituer des épargnes de 530 ménages dans un programme d'autonomisation pour des solutions alternatives durables, d'autre part.

L'ONG locale Bon Pasteur concentre ses activités sur la protection et la prise en charge des enfants retirés des sites miniers en leur apportant son encadrement par la formation professionnelle. En 2018, cette ONG a pris en charge la formation professionnelle de 100 jeunes de 14 à 17 ans retirés des mines artisanales, et ce, dans le cadre de ses activités pilotes de réinsertion socio-professionnelle.

La conférence de Kolwezi était un cadre de dialogue avec nos Partenaires Techniques et Financiers ainsi que les ONGs pour leur faire comprendre que leurs actions sur terrain dans la lutte contre le travail des enfants dans les mines doivent s'inscrire dans la politique du Gouvernement décrite ci-dessus et dans la politique minière tracée par le Ministère des mines en particulier. A cette réunion, nous avons martelé sur trois points principaux ci-après que vous trouverez également dans le texte de discours d'ouverture de cette conférence à l'annexe E :

- la loi minière, tout comme d'autres lois du pays, interdisent les pires formes de travail des enfants et des personnes vulnérables dans tous les secteurs de la vie socio-économique ;
- le combat de la lutte contre ce type de travail est un combat multisectoriel demandant l'implication de tout le monde, plusieurs Ministères du Gouvernement, les Gouvernements provinciaux et tous les partenaires dans le secteur de l'artisanat minier;
- au lieu que chaque intervenant puisse agir individuellement pour essayer de trouver des solutions idoines à cette question du travail des enfants, le Ministre a exhorté l'ensemble des participants à se mettre ensemble autour d'un objectif commun qui serait financé par un fonds spécial à créer dénommé « Tolérance Zéro enfants dans les sites miniers artisanaux » tel que recommandé dans la Stratégie nationale sectorielle de lutte contre le travail des enfants dans le sous-secteur minier artisanal adopté en août 2017.

De cette conférence, il a été retenu :

- le renforcement d'une meilleure coordination des actions de lutte contre le travail des enfants dans les mines artisanales en RDC, sous l'Autorité du Ministre National des Mines, avec Agents d'exécution la CISTEMA Nationale et les CISTEMA Provinciales. Aussi, j'en appelle à la mise en place rapide des CISTEMA Provinciales. Ainsi, le rôle majeur et prépondérant du Gouvernement, à travers ses organes d'exécution a été réaffirmé et rappelé par tous ;
- les Partenaires Techniques et Financiers travailleront sous la coordination du Bureau-Pays OIT/BIT en RDC et du Représentant de l'UNICEF en RDC ;
- les consommateurs finaux regroupés au sein de GBA/CAP acceptent de soutenir nos efforts de rendre les chaînes d'approvisionnement des minerais responsables et cela sera concrétisé par un partenariat ARECOMS – GBA/CAP ;

- le principe de la constitution du « Fonds Spécial /Tolérance Zéro enfant dans les mines artisanales» a été réaffirmé. A cet effet, les modalités pratiques de la constitution de ces fonds seront arrêtées ultérieurement, à l'issue des travaux d'une Commission ad hoc des experts que nous allons mettre en place. De ce fait, un atelier de validation devra être organisé quant à ce.

A côté de toutes ces rencontres, le Gouvernement Ilunga Ilunkamba avait même décidé d'organiser, sous le haut patronage de Son Excellence Monsieur le Président de la République, la 4ème conférence minière qui devait se tenir du 14 au 16 Décembre 2020 à Kisangani mais qui a été reportée *sine die* pour des raisons liées à la pandémie de Covid-19. Le thème retenu était « L'exploitation minière artisanale responsable, éthique et durable en RDC, à la lumière du Code Minier et des normes internationales : état des lieux, défis et perspectives ».

La conférence minière devait s'organiser sous forme de cadre de réflexion, de débats d'idées et d'échange d'informations entre les représentants de l'État, les entreprises minières, la société civile, tous les partenaires du secteur minier et même les communautés locales impactées par l'activité minière. Les objectifs recherchés étaient le renforcement de la transparence et la bonne gouvernance dans le sous-secteur minier artisanal ainsi que son assainissement, particulièrement celui des substances minérales stratégiques les plus convoitées.

Il convient de signaler les défis de l'exploitation minière artisanale.

4.4. Défis de l'exploitation minière artisanale

Les maux identifiés au niveau du sous-secteur de l'artisanat sont tellement nombreux que tout le monde se pose la question de qu'est-ce qui devrait être fait pour assainir ce sous-secteur pour qu'il profite à la population et à l'Etat congolais. Ces dernières années, la hausse des prix de certaines substances minérales telles que l'or, le coltan, le cuivre et le cobalt continue à favoriser les exploitations illicites et à faire augmenter à l'Est de notre pays l'insécurité avec la présence sur les sites miniers des groupes armés qui convoitent l'or et le coltan. Les enjeux sécuritaires dans la zone des Grands Lacs étant importants, les milieux diplomatiques, les ONGs nationales et internationales ainsi que les Partenaires Techniques et Financiers font pression aux autorités du pays pour les pousser à prendre des stratégies et mécanismes qui limiteraient la fraude et la contrebande minières transfrontalières.

Aujourd'hui, je retiens que l'assainissement du sous-secteur minier artisanal exigerait un certain nombre d'actions :

- vulgarisation des textes de loi auprès des creuseurs artisanaux ;

- formalisation de tous les sites artisanaux ;
- respect des dispositions de la loi minière par les provinces dans la gestion de l'artisanat ;
- lutte contre toutes les pratiques illicites, trucage des poids et teneur en mettant en place des centres de négoce conformément au Code minier ;
- renforcement de l'encadrement technique par la restructuration du SAEMAPE ;
- réalisation de la recherche géologique au préalable avant institution des ZEA viables ;
- pour les exploitations qui ont atteint la profondeur limite, la poursuite des activités demande une intervention de l'Etat pour une découverture au préalable afin d'éviter des accidents suite à l'instabilité mécanique des puits profonds ;
- lutte contre toute forme d'exploitation et travail des enfants dans les mines ;
- amélioration des conditions de travail des creuseurs avec respect des Droits de l'Homme et respect de l'environnement ;
- résolution des conflits permanents entre les sociétés minières et les artisanaux suite à l'envahissement de leurs concessions par ces derniers et/ou au vol des minerais.

Il me paraît important de rappeler les Efforts du Gouvernement Ilunga Ilunkamba pour l'assainissement du sous-secteur minier artisanal par la règlementation particulière dans le cadre des activités artisanales des substances minérales stratégiques

4.5. Efforts du Gouvernement Ilunga Ilunkamba pour l'assainissement du sous-secteur minier artisanal par la règlementation particulière dans le cadre des activités artisanales des substances minérales stratégiques

Nos enquêtes sur les ZEA reconnues par le Ministère des mines ont montré que la majorité était non viable puisqu'instituée sans aucune recherche géologique approfondie. C'est donc le manque de minerais exploitables dans ces ZEA qui a poussé les creuseurs artisanaux à envahir les concessions de certains opérateurs industriels. Ce phénomène d'envahissement s'est produit dans les concessions d'or de SOKIMO et son partenaire Kibali Gold dans les provinces du Haut-Uele et de l'Ituri, dans les concessions de cassitérite et coltan de SAKIMA dans les provinces du Nord-Kivu et Sud-Kivu, dans les concessions de diamant de la MIBA dans les provinces de Kasaï et Kasaï Central et enfin, dans les concessions de cuivre et cobalt de la Gécamines, Boss Mining, TFM, KCC, MUMI, et CHEMAF dans les provinces du Haut-Katanga et du Lualaba.

Ces exploitations qui ont été tolérées par l'Etat à certains endroits sans autorisation du propriétaire de droit minier et/ou de carrières sont illicites et des efforts ont été fournis par le Ministère des mines dans le temps du Gouvernement Ilunga Ilunkamba pour négocier avec les Gouvernements provinciaux et les sociétés concernées afin de formaliser ces exploitations conformément à la loi minière.

Dans certains sites, la recherche de solutions à cette problématique d'envahissement des concessions des privés a conduit à la coexistence de l'activité minière artisanale et industrielle mais cette pratique pose beaucoup de problèmes :

- mauvais encadrement des artisanaux par des structures non étatiques ;
- la manipulation des poids et de la teneur des substances minières marchandes pour amener les creuseurs à acheter à vil prix ;
- la présence illégale des étrangers sur les sites artisanaux réservés exclusivement aux Congolais.

Pour résoudre définitivement ces problèmes, le Gouvernement a pris la résolution en Novembre 2019 :

- de rechercher des nouvelles ZEA et continuer ainsi à endiguer le chômage des jeunes creuseurs ;
- d'enrichir l'information géologique des sites étudiés afin de n'instituer que des ZEA viables ;
- d'améliorer l'assistance technique et la mobilisation des recettes de l'Etat dans l'artisanat (assistance technique par la découverture éventuelle des sites, l'accessibilité aux sites et l'aménagement des sites d'entreposage,...) ;
- de lutter contre l'envahissement des concessions des opérateurs industriels.

De par le positionnement stratégique de la République Démocratique du Congo sur le marché mondial de substances stratégiques tels que le cobalt et le coltan, il lui est impératif :

- d'encadrer les activités des zones de production artisanale pour permettre la traçabilité des produits extraits et le respect des conditions de travail, spécialement en faveur des catégories les plus vulnérables (femmes et enfants) ;
- de favoriser l'intégration de ces exploitants dans le système formel;

- de contrôler l'ensemble de la chaîne de valeur de la filière artisanale;
- de promouvoir l'amélioration du climat des affaires pour renforcer l'attractivité économique du pays et rendre effectif le processus de réduction de la pauvreté et du progrès économique et sociale.

Pour arriver à assainir l'activité artisanale de ces minerais stratégiques qui sont aujourd'hui les plus convoités à côté de l'or, le Gouvernement Ilunga Ilunkamba avait décidé de renforcer la règlementation de ce secteur en insistant sur des procédures de traçabilité des minerais et en créant l'ARECOMS, la structure en appui au SAEMAPE pour l'assainissement de l'activité minière artisanale du coltan et du cobalt.

Deux décrets ont été donc signés au mois de Novembre 2019. Le premier, décret n°19/15 du 05 novembre 2019, porte sur la Sauvegarde des Activités Relatives aux Substances Minérales Stratégiques de l'Exploitation Artisanale. Quant au deuxième décret, il porte sur la création, l'organisation et le fonctionnement de l'Autorité de Régulation et de Contrôle des Marchés des Substances Minérales Stratégiques « ARECOMS » qui est l'organe en charge de la régulation, de l'assainissement, de l'amélioration du climat des affaires, de l'attractivité économique et industrielle de ce secteur.

Par ailleurs, suite à l'adoption du décret n°19/15 du 05 novembre 2019 portant Sauvegarde des Activités Relatives aux Substances Minérales Stratégiques de l'Exploitation Artisanale, l'Entreprise Générale de Cobalt « EGC » a été créée avec les missions suivantes :

- acheter tous les minerais stratégiques nécessitant une transformation préalable à leur exportation et pour leur traitement et/ou leur transformation ;
- commercialiser, à l'intérieur ou à l'extérieur du territoire national, les produits finis ou semi-finis.

La Direction d'EGC ambitionne de mettre en place une organisation moderne et adaptée au contexte économique et sectoriel actuel, lui permettant ainsi d'être efficace, rentable et comparable aux meilleures entreprises de ce secteur.

A présent, je parle des défis de la gestion de l'environnement et du respect des engagements sociaux par les opérateurs miniers.

Chapitre 5.

Défis de la gestion de l'environnement et respect des engagements sociaux par les opérateurs miniers

Mon dernier chapitre a pour matrice les défis de la gestion de l'environnement et respect des engagements sociaux par les opérateurs miniers. Je parle de l'importance de la protection de l'environnement, de sa gestion dans l'exploitation minière en RDC, des cas spécifiques des résultats des enquêtes environnementales menées dans les entreprises minières du Haut-Katanga, du problème de drainage minier acide dans les stocks des rejets miniers du Haut-Katanga, de la responsabilité sociétale des entreprises, des défis de l'environnement minier et ceux de la responsabilité sociétale des entreprises.

5.1. Importance de la protection de l'environnement

Sous le terme protection de l'environnement, on entend toutes les mesures qui sont prises et/ou qui doivent être prises dans le secteur public ainsi que dans la grande et petite industries pour protéger l'environnement.

On y inclut aussi (Bliefert et al., 2009 ; Andre et al., 2010) :

- les mesures préventives qui doivent aider à réduire la pollution apportée par les effluents gazeux, aqueux et les déchets envers les hommes, les animaux, les plantes et le patrimoine ;
- les mesures permettant de réhabiliter les parties de l'environnement endommagées ;
- les mesures permettant d'économiser les ressources et de réduire la consommation d'énergie.

Les technologies conçues avec protection de l'environnement sont appelées « technologies propres ». Ce sont des technologies permettant le recyclage de l'eau et polluants qui engendrent peu ou pas de déchets, ou qui permettent de valoriser les polluants en tant que matières premières secondaires. Il existe beaucoup de possibilités d'améliorer les procédés industriels pour les rendre propres. Les principales sont la protection de l'environnement intégrée et la protection de l'environnement additive.

Par protection de l'environnement intégrée, on prévoit, comme le nom l'indique, que déjà lors de la fabrication d'un produit on prend toutes les mesures pour produire propre : une planification de la production diminue l'impact sur l'environnement. Tous les efforts d'épuration en aval du procédé doivent être réduits en réalisant une production pauvre en résidus, donc pauvre en effluents gazeux, aqueux et en déchets ainsi qu'en économisant les ressources et l'énergie, entre autres par :

- prétraitement des matières premières
- optimisation du procédé
- changement de procédé
- recyclage des déchets comme matières premières secondaires

Par la protection de l'environnement additive, on entend toutes les parties d'unités ou toutes mesures qu'on pourra ajouter à celles qui existent déjà.

La protection de l'environnement est depuis quelques années une préoccupation principale de toutes les législations de ce monde recherchant un développement durable. En la contraignant aux entreprises industrielles, ces dernières ont été poussées à l'amélioration ou au changement des procédés d'origine pour réduire les émissions des substances polluantes (et non l'émission des bruits, des vibrations, de la lumière, de la chaleur ou de rayonnements) ou fortement les limiter. Et donc, les efforts sont mis en œuvre pour recycler de plus en plus les substances émises dans le procédé de production ou encore dans certains cas, transformées dans une forme qui est plus ou moins neutre vis-à-vis de l'environnement par des traitements d'épuration disposés en aval afin de rendre toute la technologie « propres ». Les émissions dans l'air ou dans l'eau restent inévitables dans les procédés de production et particulièrement dans les technologies connues des transformations des minerais. La plupart des législations et même la loi minière congolaise en vigueur exigent que ces émissions soient les plus acceptables possibles par la nature, c'est-à-dire que les substances qui se forment en tant que déchets ou qui sont émises doivent le plus possible être générées sous une forme n'entraînant aucun risque majeur dans les écosystèmes de l'environnement.

La protection additive de l'environnement a été beaucoup plus développée dans le secteur de l'exploitation et la transformation des minerais puisque moins coûteuse. L'avantage des mesures secondaires de protection de l'environnement est qu'on peut les intégrer facilement dans les procédés existants. Mais, de telles mesures présentent l'énorme désavantage de transférer les problèmes liés à l'épuration de l'air ou des eaux au domaine des déchets qu'il faudra gérer, par exemple, dans un centre d'enfouissement technique et stabiliser ces déchets avec des techniques d'imperméabilisation (Kitobo, 2009 ; Klohn, 2017 ; Lessard, 2018 ; Ainsley et al., 2019).

Que dire de la gestion de l'environnement dans l'exploitation minière en RDC ?

5.2. Gestion de l'environnement dans l'exploitation minière en RDC

L'exploitation minière est parmi les technologies les plus polluantes si aucune précaution n'est prise pour gérer les quantités énormes des déchets solides produites depuis l'extraction minière jusqu'à l'usine métallurgique et/ou chimique de transformation. Cela se justifie par la technique utilisée qui consiste à séparer physiquement et/ou chimiquement les minéraux utiles des stériles constituant la gangue. Les activités du secteur des mines produisent toujours des effluents gazeux, des eaux usées et des rejets solides quelle que soit la technologie utilisée passant par la voie sèche ou humide. Tous les procédés développés dans le secteur des mines de la RDC ne sont donc pas propres et nécessitent l'ajout des mesures additives de protection de l'environnement pour éliminer les impacts potentiels.

C'est pour cette raison qu'avec la révision du Code Minier de 2018, le législateur a introduit des dispositions sous forme des obligations environnementales et sociétales des titulaires de droits miniers et de carrières comme on peut le lire par exemple à l'article 404 du Règlement minier de 2018 : « *Hormis l'exploitation artisanale, toutes les opérations de recherche et d'exploitation minière et de carrières doivent faire l'objet d'un Plan Environnemental et social préalablement établi et approuvé par les services désignés par cette même loi* ». Il faut comprendre par-là que tout titulaire de droit minier et de carrières devient donc responsable des dommages causés aux personnes, aux biens et à l'environnement du fait de ses activités, même en l'absence de toute faute ou négligence. Conformément à l'article 405 du Règlement minier, cette responsabilité vise à protéger l'être humain, les biens et l'environnement du fait du caractère potentiellement dangereux des activités minières industrielles.

Aux opérations de recherche de mines ou de carrières ainsi que les opérations d'exploitation en vertu d'une Autorisation d'Exploitation de Carrières Temporaire, la loi minière a exigé d'établir un Plan d'Atténuation et de Réhabilitation, PAR en sigle, préalablement établi et approuvé par l'Agence Congolaise de l'Environnement (ACE), en collaboration avec la Direction chargée de la Protection de l'Environnement Minier (DPEM).

A l'exception de l'exploitation de carrières temporaire, il est exigé, conformément à l'article 204 du Code Minier et l'article 407 du Règlement Minier, à tout demandeur d'un permis d'exploitation de présenter une EIES accompagnée d'un PGES. Pour l'EIES, l'Autorité qui approuve est l'ACE, le

Fonds National de Promotion et de Service Social (FNPSS), en collaboration avec la DPEM. Tandis que le PGES est examiné au même moment avec l'EIES par un Comité Permanent d'Évaluation (CPE) qui transmet ses avis à l'ACE pour l'établissement du certificat environnemental à transmettre au CAMI. Toutes ces directives et procédures sont décrites en détails au chapitre 5 du Règlement minier et dans ses annexes.

Dans le même souci de la protection de l'environnement, la loi minière exige en son article 258 aux titulaires des droits miniers et de carrières de constituer, en franchise sur l'impôt et les bénéfices, une provision pour réhabilitation du site d'exploitation. Le montant maximal de cette dotation est fixé à 0,5 % du chiffre d'affaire au titre de l'exercice au cours duquel elle est effectuée. Ces fonds mis à la disposition de l'État sont gérés aux fins de la réhabilitation du site des opérations minières.

Malheureusement, malgré l'introduction dans la loi minière de 2018 de toutes ces mesures accompagnées des sanctions en cas de non-respect de ces obligations environnementales, les problèmes de la protection de l'environnement sont toujours présents et on continue à enregistrer chaque année des dommages liés aux pollutions de toutes sortes impactant ainsi les milieux naturels tels que l'atmosphère, le sol et le sous-sol, les eaux naturelles de surface et souterraines, la flore et la faune.

Comme on pourra le voir à la section suivante dans les résultats de certaines études et inspections environnementales réalisées pendant nos deux mandats aux mines, les pollutions rencontrées dans le secteur des mines de la RDC sont liées principalement :

- à l'application des mesures de protection arrêtées dans des mauvaises études environnementales ;
- à la négligence des contrôles de la stabilité des infrastructures et ouvrages de soutènement tels que les digues causant des fuites ou déversements accidentels des polluants ;
- à la volonté de frauder pour diminuer le coût de production.

Ce dernier cas est constaté dans les activités minières issues des joint-venture entre les sociétés privées et celles du portefeuille de l'État qui continuent, jusqu'à aujourd'hui, à opérer impunément, sans tenir compte de toutes les dispositions environnementales introduites dans la loi et le règlement miniers pour éviter des coûts de production supplémentaires.

L'autre problème à signaler est que l'État congolais ne respecte pas sa propre loi en matière d'environnement du fait qu'il ne réhabilite pas souvent les sites miniers malgré les paiements par les opérateurs miniers de la provision de 0,5 % de leur chiffre d'affaires.

Pour illustrer tout ce qui est mentionné ci-haut, nous donnons les résultats de certaines enquêtes et études menées depuis 2016, la période couvrant les deux mandats en province et au niveau national en tant que Ministre des Mines.

Ainsi, je rappelle les constats sur les impacts environnementaux de l'extraction minière, ceux sur de la flottation des minerais, sur la transformation pyrométallurgique des minerais et sur la transformation hydrométallurgie des minerais.

5.2.1. Constats sur les impacts environnementaux de l'extraction minière

Pour suivre le filon minéralisé dans une carrière par gradins ou dans une mine souterraine par galeries, on est obligé d'enlever des stériles de découverture qui sont des minerais pauvres dont la teneur en minéraux valorisables est en-dessous de ce qu'on appelle la maille de coupure ou teneur minimale admissible pour l'alimentation de l'usine. De plus, le creusement d'une mine crée un cône d'écoulement des nappes qui sont atteintes.

Comme signalé au point 3.5., l'inspection rapide des mines à ciel ouvert actuelle montre que leur exploitation qui était concentrée sur des minerais oxydés s'épuise de plus en plus et on observe dans certaines mines, comme celles de SEK Kipoi, Ruashi Mining et MMG Kinsevere, l'apparition des minerais mixtes oxydes-sulfures et des signes de DMA (figure 17). Il faut rappeler que ce soit l'exploitation des mines à ciel ouvert ou souterraines, on génère les stériles qui sont les rejets de découverture et les rejets de sélectivité. Lorsqu'on atteint la profondeur de la nappe, les venues d'eau de la mine exige pour continuer l'exploitation de les pomper en surface dans les rivières naturelles. Cette opération génère également des eaux usées appelées souvent les eaux d'exhaure.

Figure 17- Mine de SEK KIPOI avec un flanc montrant l'apparition des sulfures et des eaux d'exhaure acides de couleur verdâtre due à la dissolution du cuivre

Avec l'utilisation des explosifs azotés, les eaux d'exhaure sont souvent chargées en nitrate NO^{3-} et nitrite NO^{2-} et en micropolluants. Ces dernières, souvent déversées dans des rivières naturelles, entraînent des pollutions des eaux naturelles, l'apparition d'eutrophisation des eaux et même la mort de la vie aquatique. Les figures 18 et 19 illustrent ce cas de déversement des eaux d'exhaure de la mine de Kipushi vers la rivière Kipushi et la prolifération de la végétation marine due à la présence des nitrates et nitrites qui sont des fertilisants.

Figure 18 – Drain d'évacuation des eaux d'exhaure de la mine de Kipushi

Figure 19 – Phénomène d'eutrophisation des eaux de la rivière de Kipushi due à l'évacuation des eaux d'exhaure

Donc, sur le plan environnemental, des mesures contraignantes de la loi minière ne sont pas appliquées pour protéger l'environnement et l'État continue à tolérer certaines pratiques à impacts négatifs sur les écosystèmes. C'est le cas observé des déversements par tous les opérateurs miniers des eaux des mines sans un traitement d'épuration dans les rivières naturelles pour leur dilution. On assiste de fois à des phénomènes de pollution avec des réclamations des communautés locales.

De plus, il se pose le problème de la stabilité physique et chimique des rejets solides des mines entreposées en surface puisqu'ils contiennent des éléments en traces métalliques, ETM tels que Cu, Zn, Pb, Co, As, … qui polluent tout l'environnement à chaque fois qu'il y a dispersion par des phénomènes d'érosion et infiltration dus au vent et à la pluie. Les rejets de stockage à l'air libre comme ceux de SEK Kipoi, BOSS Mining, RUASHI Mining, KICC, COMILU, CHEMAF, MMG Kinsevere, COMMUS, SICOMINES sont les moins stables puisque contenant une partie importante des sulfures qui subissent une oxydation ménagée et/ou bactérienne au contact de l'air et de l'humidité atmosphérique. Cette oxydation est à la base de l'acidification par le phénomène de DMA constatée sur plusieurs sites miniers.

L'autre problème environnemental constaté qui caractérise notre secteur des mines au niveau de l'extraction minière est que toutes les anciennes mines à ciel ouvert des sociétés du portefeuille de l'État et même ceux crées ces dernières années ont laissé des trous qui n'ont pas été remblayés à la fin de leur exploitation malgré la demande de la sureté financière pour assurer ou garantir le coût d'atténuation et de réhabilitation de l'environnement conformément au Code Miner. Ceci a eu pour conséquence l'apparition de plusieurs lacs artificiels pollués dans les provinces du Haut Katanga et du Lualaba.

J'évoque les constats sur les impacts environnementaux de la flottation des minerais.

5.2.2. Constats sur les impacts environnementaux de la flottation des minerais

Les opérations de flottation sont toujours à ce jour les employées pour la concentration des minerais bruts sulfurés en utilisant des réactifs comme des collecteurs xanthates et des moussants qui sont des détergents organiques. C'est le cas à KICC, COMILU, COMIKA, COMMUS, SICOMINES. Ces opérations d'enrichissement des minerais génèrent des eaux usées chargées des particules minérales ultrafines non solubles, des ETM solubles et des substances organiques (réactifs de flottation : collecteurs, moussants). Malheureusement, tous ces polluants se retrouvent déversés dans les rivières naturelles sans aucun traitement préalable pour protéger les écosystèmes aquatiques (figure 20).

Figure 20- Exemple des eaux usées des concentrateurs de Kipushi déversées dans le lit de la rivière Kipushi

Les entreprises minières tentent d'épurer seulement la partie des rejets fins contenant des ETM (As, Cu, Pb, Zn,...) en utilisant la décantation. Seulement, cette opération de séparation physique n'est pas parfaite et laisse passer des particules ultrafines. Pour la plupart des entreprises du portefeuille de l'État seules ou en joint-venture avec les opérateurs miniers privés, ces rejets de décantation sont stockés dans les vallées des rivières sans aucune stabilisation des particules à la fin de l'exploitation. Les bassins naturels de décantation sont érigés en y construisant des digues en terre. Sur le plan environnemental, la non stabilisation de ces rejets de flottation conduit à des phénomènes réguliers d'érosion éolienne, des ruissellements des particules minérales par les eaux de pluies comme on peut le voir sur les figures illustrant l'entraînement des particules aux tailings de Kipushi figure 21.

Figure 21 – A gauche un nuage d'érosion éolienne pendant la saison sèche et à droite érosion par les pluies aux tailings de Kipushi

En outre, ces rejets sont en interaction avec les nappes souterraines qui se polluent avec les infiltrations d'eau entraînant dans leur course des polluants et principalement les ETM. Et comme la plupart des rejets de flottation de notre secteur des mines sont des rejets sulfurés, ils s'accompagnent, comme on le verra dans les résultats d'une des études des rejets de Kipushi et Musoshi d'un drainage minier acide certain (annexe F). La présence des traces d'acides quand il y a des érosions et infiltrations favorise les phénomènes karstiques et les effondrements des terrains (Kitobo, 2009).

Ainsi, les conséquences observées sur certains sites et dues à la mauvaise gestion environnementale des effluents et déchets solides des opérations de flottation des minerais sulfurés sont :

- la dégradation de tous les écosystèmes environnants ;

- la désoxygénation des cours d'eaux par eutrophisation ;
- la pollution des sols et eaux naturelles suite à la dispersion et accumulation des ETM ;
- le DMA sur plusieurs sites de stockage.

Il y a aussi les impacts environnementaux de la transformation pyrométallurgique des minerais. C'est l'objet du point suivant.

5.2.3. Constats sur les impacts environnementaux de la transformation pyrométallurgique des minerais

Quelques usines, comme COMILU et LCS au Lualaba, STL et RUBAMIN au Haut-Katanga utilisent la transformation pyrométallurgique des minerais cuprifères et/ou cupro-cobaltifères pour la valorisation du cuivre et/ou du cobalt. La pyrométallurgie est une technique connue polluante et consommatrice d'énergie. Elle produit des émissions atmosphériques contenant des NOx, des métaux volatils (Hg, Zn, Pb) et même du SO_2 avec la présence des sulfures même en trace dans nos minerais. Partout où est utilisée cette technologie, le procédé est polluant avec des traces dans les émissions gazeuses des polluants photochimiques, acides et corrosifs et même tératogènes et cancérigènes. Sans un traitement d'épuration, ces polluants provoquent la dégradation des sols, des cours d'eau et des bâtiments par leur entraînement dans les eaux de pluies acides et des brouillards acides du matin. Signalons également que le procédé produit aussi des scories qui sont souvent stables chimiquement et réutilisables comme granulat des routes asphaltées et dans les cimenteries comme matériaux silicatés et à propriétés pouzzolaniques.

Je signale les impacts environnementaux de la transformation hydrométallurgie des minerais.

5.2.4. Constats sur les impacts environnementaux de la transformation hydrométallurgie des minerais

Comme dit ci-haut, la majorité des usines de transformation des minerais de cuivre dans le secteur minier de la RDC utilise les techniques de l'hydrométallurgie avec la lixiviation des minerais pour la mise en solution du métal à valoriser suivie de son extraction par solvant et puis l'électrolyse. Quant au cobalt qui accompagne souvent le cuivre, il est solubilisé au même moment que ce dernier pour être enfin récupéré dans le raffinat de l'extraction par solvant du cuivre. Dans sa technologie où il est extrait par précipitation sélective, il est d'abord séparé des impuretés comme le fer ferrique, le cuivre, le nickel par la même technique de précipitation.

Sur le plan environnemental, cette lixiviation génère des résidus insolubles dans les acides et la purification classique des solutions par précipitations chimiques génère également des résidus solides. C'est notamment le cas des hydrates ferriques, des sulfures de dénickélage. A la fin des opérations de séparation solides-liquides, on observe que les solides générés contiennent des traces d'acides qu'il faut laver et neutraliser avant le renvoi des eaux résiduelles dans la nature.

Les incidences les plus observées dans les usines hydrométallurgiques de notre pays sont :

- la production des rejets fins contenant des ETM non stables physiquement et même chimiquement dégradant l'environnement ;
- la dispersion des particules des rejets par érosion éolienne pendant la saison sèche et par entraînement par les eaux de ruissellement de pluie pendant la saison de pluie ;
- l'oxydation des traces des sulfures des rejets insolubles lors de la lixiviation avec apparition des minéraux secondaires sur les sites se présentant sous forme des particules blanchâtres, roses, vertes, bleue ;
- l'oxydation des sulfures résiduels insolubles dans les acides au contact de l'air et l'humidité facilite la mobilisation des polluants métalliques avec le temps qui se dispersent dans tout l'environnement.

Néanmoins, certaines nouvelles sociétés comme RUASHI Mining, COMIKA, SIMCO, KAI PENG, MUMI et TFM essaient de limiter ces problèmes environnementaux en pratiquant les recommandations de leurs études environnementales (EIES et PGES) telles que la loi minière en vigueur leur exige :

- neutralisation des rejets de lixiviation pour éliminer les traces d'acides avant leur stockage en tailings contrôlés et imperméabilisés vers le bas par des couches d'argile et des géotextiles polymériques évitant l'infiltration des micropolluants métalliques ;
- recirculation des eaux des tailings vers l'usine de traitement.

Je reviens sur quelques cas spécifiques des résultats d'enquêtes environnementales menées dans les entreprises minières du Haut-Katanga.

5.3. Quelques cas spécifiques des résultats d'enquêtes environnementales menées dans les entreprises minières du Haut-Katanga

Je parle des problèmes environnementaux rencontrés à KAIPENG, à COMILU, à CIMCO en 2016, à SOMIKA et à FRONTIER SA en 2017.

5.3.1. Problèmes environnementaux rencontrés à KAI PENG en 2016

En 2016, l'entreprise minière KAI PENG a connu un problème de rupture de la digue du bassin de stockage des rejets générés par son traitement hydrométallurgique des minerais oxydés de cuivre. Ce dysfonctionnement de l'infrastructure de stockage des rejets de procédé a eu divers impacts sur l'environnement immédiat et lointain. Il s'agit du déversement des eaux polluées acides et des boues issues de la lixiviation des minerais dans un bas fond comprenant la source et le lit de la rivière. Les impacts de ce déversement des rejets ont été ressentis jusque dans la rivière MURA et loin dans le territoire de Kambove. Des méfaits de ce déversement des rejets sur la faune, la flore et le sol environnant ont été si importants qu'en tant que Ministre provincial en charge des mines et environnement, nous avions chargé une équipe d'experts pour mener des investigations et trouver des solutions de dépollution des sites impactés par des rejets solides et liquides libérés accidentellement dans l'environnement suite à la rupture de la digue. L'investigation demandée a été étendue à une inspection environnementale globale des activités de cette société.

Les résultats de l'inspection avaient indiqué que les sédiments ou le sol du lit de la rivière présentaient des dépôts blanchâtres résultant du chaulage ou de la neutralisation de l'acidité des rejets qu'a eu à effectuer CONGO POLLUTION & SOLUTIONS pendant les travaux de dépollution du site. Le décapage du sol pollué et le chaulage ont conduit à une précipitation des ions métalliques à l'état d'hydroxyde à une certaine profondeur du sol et donc après les premières pluies, un lessivage du sol et les infiltrations ont remobilisé les métaux retenus qui ont été dispersés dans les eaux des rivières naturelles et infiltrés dans les sous-sols. La figure 22 montre l'état de l'eau, du sol et de la végétation du site dépollué par chaulage à Likasi près de la rivière Kiantete.

Figure 22- État de l'eau, du sol et de la végétation du site dépollué par chaulage à Likasi près de la rivière Kiantete

La rupture de la digue a été provoquée par une liquéfaction par saturation d'eau et pour éviter cela, une phytostabilisation a été proposée, c'est-à-dire en plantant de la végétation sur les flancs des digues formant le bassin à rejets.

A la suite de l'incident de KAI PENG, nous avions initié une série des inspections dans les entreprises du Haut-Katanga afin de prévenir les problèmes environnementaux existants et/ou potentiels. Les exploitations qui ont été inspectées la même année sont celles de COMILU, CIMCO, FRONTIER SA et SOMIKA et les résultats des enquêtes sont données dans les paragraphes suivants.

Quels sont les problèmes environnementaux rencontrés à COMILU en 2016 ?

5.3.2. Problèmes environnementaux identifiés au niveau de COMILU en 2016

COMILU est une société minière qui produit des concentrés sulfurés de cuivre par le procédé de flottation et du cuivre cathodique partant de la lixiviation des minerais oxydés de cuivre suivie de l'extraction par solvant puis de l'électrolyse. La société a connu plusieurs plaintes de la population concernant la pollution de l'eau de la rivière Luisha, dans le groupement Katanga au Haut-Katanga, suite aux eaux usées émanant des stocks de rejets de l'entreprise. Il faut noter que la rivière Luisha n'arrive pas souvent à diluer et auto-épurer toutes les eaux usées de l'usine de sorte que des pics de pollution sont de fois observés dans cette rivière avec des conséquences négatives sur les cultures des villageois.

Aussi en 2016, on a identifié certains problèmes environnementaux à CIMCO.

5.3.3. Problèmes environnementaux identifiés au niveau de CIMCO en 2016

L'entreprise CIMCO possède une usine hydrométallurgique à Likasi, dans la commune de Shituru. Comme COMILU, l'entreprise a connu aussi des plaintes de la population de Luisha concernant la pollution des rivières le long desquelles se pratiquent leurs activités agricoles. Les causes environnementales enregistrées à cette période d'enquête sont :

- les minerais traités étaient entreposés à même le sol qui était suffisamment impacté par les eaux de percolation et de ruissellement dont une partie s'écoulait dans un drain aménagé à proximité ;
- malgré l'existence des drains de collecte des eaux pluviales, leurs exutoires n'ont pas été repérés pendant l'inspection des installations industrielles ;
- l'entreposage des boues de lixiviation sur le même site que l'entreprise COMILU avait favorisé la dispersion des polluants dans l'environnement sous forme des fines particules et d'eaux polluantes générées par l'érosion éolienne et la percolation des eaux pluviales à travers les solides stockés.

En 2017, on a observé les défis environnementaux à FRONTIER SA.

5.3.4. Problèmes environnementaux identifiés au niveau de FRONTIER SA en 2017

L'usine de FRONTIER SA est simple et propre avec des activités bien organisées et un circuit de flottation des minerais sulfurés moderne. La flottation est opérée sur des minerais extraits d'une mine à ciel ouvert qui connaît de problèmes d'exhaure des quantités importantes d'eaux. Cette exhaure a déjà provoqué jusqu'à ce jour un rabattement de toutes les nappes souterraines environnantes et même le dessèchement des rivières environnantes jusqu'en Zambie, le pays frontalier. Le rabattement des nappes a déjà produit dans le territoire de Sakania l'assèchement des puits d'eau des nappes phréatiques, un phénomène à la base des soulèvements réguliers des populations de ce coin.

En 2016, les problèmes environnementaux ont été identifiés à SOMIKA.

5.3.5. Problèmes environnementaux identifiés au niveau de SOMIKA en 2016

En 2016, l'usine hydrométallurgique de SOMIKA située au quartier Kisanga à Lubumbashi a connu des plaintes de la population de ce quartier suite à la pollution des nappes phréatiques utilisées par la population en creusant des puits d'eau. Comme dans toutes les usines hydrométallurgiques utilisant le même procédé, SOMIKA produit deux types de rejets :

- les résidus solides de la lixiviation des minerais ;
- les eaux usées du circuit de la précipitation du cobalt.

Les investigations à cette période avaient montré que le stockage des rejets solides était fait sur un sol non protégé afin de prévenir la pollution par infiltration des métaux lourds. D'autre part, du fait de la granulométrie fine des résidus solides de lixiviation des minerais, les particules étaient transportées par érosion éolienne pendant la saison sèche sur des grandes distances. Pendant la saison pluvieuse, la percolixiviation des rejets étaient à la base des infiltrations qui pouvaient provoquer cette pollution de l'environnement.

Quant à la décantation des rejets liquides, il se réalise jusqu'à ce jour dans des bassins aménagés avec un fond protégé par une membrane géotextile afin de prévenir les infiltrations d'eau qui pourraient conduire à la pollution de la nappe phréatique. Cependant, une chose inquiétante est la présence des maisons d'habitation construites à proximité des bassins de stockage des rejets liquides puisqu'en cas de dysfonctionnement accidentel comme la rupture de la digue, les impacts que pourraient engendrer ces activités industrielles sur l'environnement seraient catastrophiques.

Il me faut signaler le problème de drainage minier acide dans les stocks des rejets miniers du Haut-Katanga.

5.4. Problème de drainage minier acide dans les stocks des rejets miniers du Haut-Katanga

Le problème de drainage minier acide DMA est courant sur presque tous les sites d'entreposage des rejets miniers issus de l'exploitation de nos ressources minérales du sol et sous-sol. Quelle que soit la nature des minéraux présents, il ne manque pas de traces de sulfures qui s'oxydent au contact de l'air et de l'humidité atmosphérique.

Je rappelle aux lecteurs que le drainage minier acide est la principale source de pollution des minerais et rejets sulfurés qui résultent de la circulation des eaux acides produites par l'oxydation naturelle de sulfures dans ces divers matériaux miniers (parc à résidus, haldes de stériles, minerais, galerie de mines, fosses, etc). Les eaux de drainages miniers acides sont caractérisées par :

- un faible pH ;
- des concentrations en métaux lourds et en sulfates élevées ;
- grande concentration en solides dissous.

Le drainage est facilité par une oxydation bactérienne due à la prolifération sur ces matériaux et dans les eaux acides produites des microorganismes naturels tels que les acidithiobacillus ferrooxydans, acidithiobacillus thiooxydans, leptospirillum ferrooxydans. Cette oxydation est facilitée par la présence de la pyrite qui donne les ions ferriques qui mobilisent les sulfates par oxydation chimique. Les principaux sulfures responsables de la production du DMA sont la pyrrhotite et la pyrite. Les sulfures de fer rencontrés lors des exploitations minières sont : Greigite Fe_3S_4, Marcassite FeS_2, Pyrite FeS_2, Pyrrhotite $Fe_{(1-x)}S$, Troilite FeS, arsenopyrite FeAsS. Pour le cuivre, on rencontre : Bornite Cu_3FeS_4, Chalcopyrite $CuFeS_2$, Chalcosine Cu_2S, Covellite CuS, Cubanite $CuFe_2S_3$, Énargite Cu_3AsS_4, Tennantite $Cu_2As_2S_{13}$, le zinc Sphalérite ZnS et le plomb galène PbS.

Les réactions pouvant produire de l'acide sont l'oxydation des sulfures qui libèrent des métaux et sulfates, l'hydrolyse des cations métalliques en solution et la précipitation des hydroxydes métalliques. Le pH du DMA est contrôlé par l'équilibre entre les réactions produisant de l'acide et les réactions qui le consument, les taux relatifs de ces réactions et la disponibilité des minéraux qui génèrent ces réactions.

Le DMA est souvent neutralisé par les carbonates comme Aragonite $CaCO_3$, Calcite $CaCO_3$, Dolomite $CaMg\ (CO_3)_2$, Magnésite $MgCO_3$, Ankérite $Ca(Fe,Mg)(CO_3)_2$, Kutnohorite, $CaMn\ (CO_3)_2$, Sidérite, $FeCO_3$, Smithsonite $ZnCO_3$, Cerrusite $PbCO_3$. Les autres minéraux acidivores sont les hydroxydes Gibbsite $Al(OH)_3$, Manganite MnOOH, Goethite FeOOH, Brucite $Mg(OH)_2$ et les silicates Chlorite $(Mg,Fe)_5Al(Si_3Al)O_{10}(OH)_2$, Orthose $KAlSi_3O_8$, Albite $NaAlSi_3O_8$, Anorthite $CaNaAl_2Si_2O_8$, Muscovite $KAl_2(Si_3Al)O_{10}(OH)_2$, Biotite $K(Fe,Mg)_3AlSi_3O_{10}(OH)_2$.

Sur un site minier à DMA, il se forme donc des minéraux secondaires qui constituent des indices de production d'acide. Ces phases secondaires peuvent se dissoudre en période pluvieuse. Les polluants métalliques et les sulfates sont alors libérés et l'acidité de l'eau augmente. Le DMA gène les opérations d'exploitation minière et tout l'environnement :

- lors des travaux miniers (excavations et pompages), l'équilibre chimique des affleurements et des gisements profonds de sulfures métalliques est perturbé par des conditions oxydantes soudaines ;
- les réactions d'oxydation prennent une ampleur suffisante pour générer des écoulements importants ;
- les travaux miniers produisent et exposent également d'importantes quantités de rejets solides sulfureux aux conditions atmosphériques et favorisent la production du DMA.

Il faut noter que les coûts associés à la prévention et au traitement de DMA sont très élevés, ce qui pousse les opérateurs miniers et même l'État à contourner la restauration de ces sites. On estime à 100.000 USD à 300.000 USD par hectare pour les résidus générateurs d'acides. Le coût de traitement comprend la collecte et le traitement des eaux acides, la construction et entretien d'ouvrage de retenue et les travaux de réaménagement des sites. La restauration des sites actifs avec DMA vise à remettre le site dans un état satisfaisant :

- éliminer les risques inacceptables pour la santé et assurer la sécurité des personnes ;
- limiter la production et la propagation de substances susceptibles de porter atteinte au milieu récepteur et, à long terme, viser à éliminer toute forme d'entretien et de suivi ;
- remettre le site dans un état visuellement acceptable ;
- remettre le site des infrastructures dans un état compatible avec l'usage futur.

Lorsque des rejets miniers sont identifiés comme potentiellement générateurs de DMA, il faut prendre des mesures pour limiter les impacts environnementaux de ce phénomène. Il s'agit de contrôler la production du DMA par la prévention en prenant des mesures qui inhibent l'oxydation des sulfures à la source ou par la réduction ou atténuation (remédiation) en prenant des mesures qui visent à limiter la production du DMA et à réduire ses conséquences quand le phénomène n'a pas été prévenu et a été déjà déclenché.

Pour contrôler la génération du DMA, il faut éliminer au moins un des trois facteurs permettant sa production. Il s'agit de l'apport de l'eau, la diffusion de l'oxygène et de la disponibilité des sulfures. Il existe plusieurs approches de restauration des sites à DMA et pour les sites en opération (ou actifs), on utilise habituellement:

- dans des zones à climats humides, il faut les recouvrements en eau (barrière à l'oxygène) ou les recouvrements en sol (barrière à l'eau et/ou à l'oxygène) et/ou en géomembrane/géotextile ;
- dans des zones à climats arides, il faut des recouvrements de type stockage-relargage (Store-and-Release).

Il faut que l'eau soit une excellente barrière à la migration des gaz. En effet, le recouvrement par l'eau empêche la migration de l'oxygène et donc la production du DMA. Par contre, l'efficacité des matériaux simples dits aussi monocouches, c'est-à-dire formés d'une couche unique de sol fin, est limitée et de ce fait, il devient difficile d'assurer l'intégrité à long terme (intrusions biologiques; effets climatiques-érosion par eau et vent, mouvements de nappe phréatique, cycles de mouillage-séchage, etc.).

Concernant les barrières formées de couverture multicouches ou complexes, on superpose plusieurs matériaux successifs ayant des rôles précis :

- la couche de surface servant à croissance de plantes et à rétention d'humidité ;
- la couche suivante de protection contre l'érosion profonde et contre intrusions biologiques ;
- la couche de drainage ;
- la couche de matériau fin peu perméable aussi pour rétention d'eau,
- la couche de support non capillaire.

Nous avons mené plusieurs études sur les stocks des rejets miniers issus des opérations de flottation (rejets de la flottation de la GÉCAMINES à Kipushi, de SODIMICO à Musoshi et de FRONTIER SA) et ceux issus de la lixiviation des minerais (rejets de BOSS Mining, RUASHI Mining et GÉCAMINES Shituru). Tous ont présenté des indices d'oxydation des sulfures résiduels avec formation des minéraux secondaires de cuivre comme la malachite ($CuCO_3.Cu(OH)_2$), la chalcanthite $CuSO_4.5H_2O$ et de cobalt comme les sulfates heptahydratés rouges $CoSO_4. 7H_2O$ accompagnés des minéraux secondaires du calcium et magnésium comme le gypse $CaSO_4.2H_2O$, l'hexahydrite ($MgSO_4.6H_2O$), epsomite ($MgSO_4.7H_2O$) et même de fer comme la jarosite $KFe_3 (SO_4)_2(OH)_6$ (figures 23 et 24).

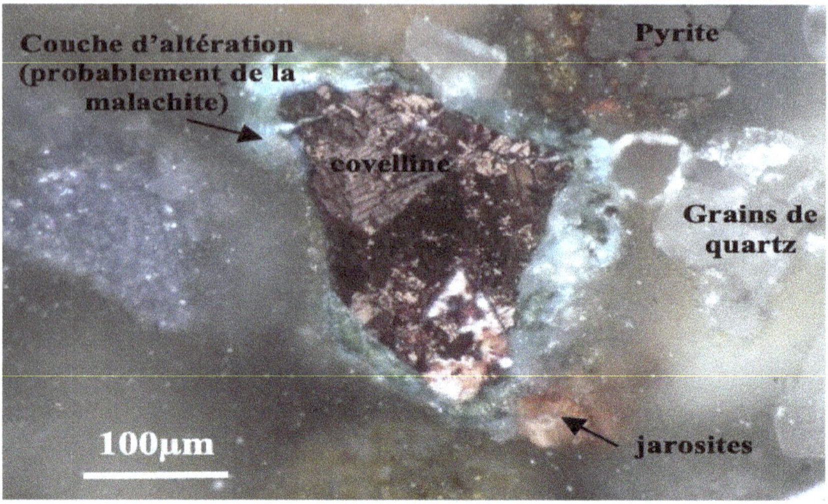

Figure 23 - Minéraux observés au microscope optique polarisant en lumière réfléchie (analysée avec nicols croisés) (Kitobo, 2016)

Figure 24 - Des formations de gypse, hexahydrite et epsomite blanche stables sur les parois contre les eaux de ruissellement (Kitobo, 2016)

Dans les sites des anciens rejets de flottation de Kipushi et Musoshi, on observe après les saisons de pluie, la formation des coulées contenant ces minéraux secondaires avec dissolution des formations dolomitiques où ont été déposés les rejets avec de fois des effondrements de terrain.

Dans toutes ses investigations environnementales, la caractérisation du DMA s'est basée sur la détermination du rapport entre le potentiel de neutralisation d'acide (NP) et le potentiel de production d'acide (AP) qui classifie les matériaux de non générateurs d'acide lorsque NP/AP est supérieur à 2. Cette caractérisation a été complétée par un test de simulation des percolations naturelles en colonne noyée. Toutes ces investigations ont confirmé l'existence de DMA dans les deux tailings étudiés, lequel est plus marqué dans les tailings de Musoshi. Cette observation est plus visible lorsqu'on analyse le nuage des couples de points (AP, NP) issus de l'analyse des rapports NP/AP des échantillons de plusieurs points de prélèvement des sites. Les diagrammes correspondant indiquent nettement un glissement de ces nuages vers la zone de DMA que vers les zones incertaines ou de non DMA. Les résultats des tests de percolation sur les rejets placés en colonnes noyées ont montré que les eaux s'acidifient rapidement aux contacts des sulfures de ces rejets avec diminution du pH qui se stabiliserait après 240 heures de contact à un pH de 6,2 pour les rejets de Kipushi et un pH de 4,6 pour les rejets de Musoshi. Cette acidification est très rapide dans les 24 heures suite à l'oxydation de la pyrite encore présente actuellement. Les résultats de cette étude sont repris dans un rapport complet à l'annexe F.

Que dire sur la responsabilité sociétale des entreprises ?

5.5. Responsabilité sociétale des entreprises

En dehors des impacts environnementaux, nous rappelons aux lecteurs que les activités minières des titulaires des droits miniers ou de carrières affectent également la vie des communautés locales. Le lecteur trouvera au titre 11 du Code Minier toutes les dispositions relatives aux relations des titulaires des droits miniers et/ou de carrières entre eux mais également avec les occupants du sol que nous appelons dans l'ouvrage les communautés locales. C'est au chapitre 5 dudit titre de la loi minière que le législateur donne les dispositions concernant les responsabilités sociétales des entreprises minières.

En son article 285sexies, la loi exige que l'opérateur minier soit tenu de contribuer, durant la période de son projet, à la définition et à la réalisation des projets de développement socio-économiques et industriels des communautés locales affectées par les activités du projet sur la base d'un cahier des charges pour l'amélioration des conditions de vie desdites communautés. Au même article, le législateur définit le cahier des charges comme étant la responsabilité sociétale des titulaires des droits miniers d'exploitation ou de l'autorisation d'exploitation de carrières permanente vis-à-vis des communautés locales affectées par les activités minières. Ce cahier des charges qui est négocié avec les communautés locales a pour objet d'orienter et d'organiser la mise en œuvre des engagements des opérateurs miniers relatifs à la réalisation des infrastructures socio-économiques et services sociaux au profit des communautés locales affectées par ses activités minières. Ce document est très important puisqu'il permet par son application de booster le développement durable de nos entités territoriales. Conformément à la loi minière, il doit être élaboré et déposé au plus tard dans les six mois avant le début de l'exploitation pour obtenir l'approbation du Gouvernement provincial après avis des services techniques. C'est le règlement minier qui détermine les règles afférentes aux négociations ainsi que les modalités pratiques de l'établissement, du dépôt, de la recevabilité, de l'instruction et de l'approbation du cahier des charges.

Comme déjà signalé ci-haut, une autre contribution financière aux projets de développement communautaire à rappeler est celle reprise à l'article 258bis du Code Minier portant sur la dotation minimale de 0,3 % du chiffre d'affaires annuel exigée aux titulaires des droits miniers d'exploitation ou d'autorisation d'exploitation des carrières permanente. La loi a introduit cette innovation où il est demandé à l'opérateur minier concerné de constituer, en francise de l'impôt sur les bénéfices et profits une dotation prise sur son chiffre d'affaires de l'exercice en cours qui, selon les dispositions de l'article 285octies du Code Minier sera gérée par une entité juridique reprenant les représentants du titulaire et des communautés locales environnantes directement concernées par le projet. Et c'est toujours le règlement minier qui détermine la nature juridique de l'entité chargée de la gestion de la dotation, le nombre de membres de chaque composante ainsi que les modalités de leur collaboration et de contrôle par les ministères en charge des mines et des affaires sociales.

La dernière contribution écrite à l'article 285nonies est celle provenant des personnes physiques de nationalité congolaise qui trouvent occasionnellement les substances minérales précieuses, dont le commerce est règlementée et autorisée de la vendre auprès d'un négociant ou d'un comptoir agréé moyennant paiement d'une taxe appropriée fixée par le Ministre, pour autant que l'origine ne soit pas illicite.

Toutes ces innovations de la loi minière de 2018 souffrent dans leur application et cela empêche les communautés impactées par les projets d'exploitation minière de profiter des retombées de la valorisation des ressources minérales de leur sol et sous-sol. Cette problématique liée à ces obligations imposées aux opérateurs miniers pour soutenir le développement durable des communautés locales a été prise en compte dans les actions du Gouvernement Ilunga Ilunkamba. Les premières actions menées sur terrains, en dehors de la vulgarisation de la loi minière et les multiples rappels sous forme de correspondances adressées à tous les entreprises minières, sont l'organisation des ateliers d'échanges avec toutes les parties prenantes du secteur des mines. Les discussions dans ces ateliers organisées en 2020 et 2021 à Lubumbashi et à Kolwezi ont porté sur la signature des cahiers de charges dans le cadre de la Responsabilité Sociétale des Entreprises minières, la gestion des 15 % de la redevance minière versée aux ETD, la validation du manuel des procédures pour la gestion de la dotation de 0,3 % du chiffre d'affaires annuel à verser aux communautés locales impactées par les projets miniers et même l'élaboration du manuel de procédures pour la demande de certaines mesures incitatives à l'endroit des provinces souffrant de déficit d'infrastructures pour booster l'essor économique à partir des ressources minières (voir dernier alinéa article 220 du Code Minier)

Du 28 au 29 Mars 2021, nous avions organisé un premier atelier à Lubumbashi dans la salle du Pullman Hôtel Karavia où ont participé également en dehors des miniers, les ministres provinciaux des mines du Haut-Katanga et du Lualaba, les délégués de la chambre des mines de la FEC, les organisations de la société civile, les partenaires techniques et financiers et les autres acteurs impliqués dans le développement communautaire. Tous les problèmes concernant le cahier des charges et la dotation de 0,3 % ont été débattus en relisant toutes les dispositions de la loi en la matière.

Les constats ci-après ont été relevés :

- à la date de cet atelier, il y avait plus de 500 opérateurs miniers enregistrés au CAMI répartis dans dix provinces au moins de la République assujettis à la signature et à l'exécution de cahier des charges avec les communautés locales ;
- dix-sept cahiers de charges étaient déjà signés avec les communautés locales dont treize dans la province du Lualaba, trois au Haut-Katanga et un au Nord-Kivu ;
- sur les dix-sept cahiers de charges, un seul avait déjà reçu son approbation du Gouvernement provincial du Lualaba.

Les problèmes notés dans les discussions montraient qu'il y avait peu de suivi et de contrôle des cahiers de charges par les services étatiques et peu d'entreprises se sont engagées dans le processus de signature des cahiers des charges. De l'analyse des données transmises à l'atelier, nous avions noté que les communautés avaient des capacités limitées pour mieux négocier avec les entreprises. Au niveau provincial, les participants ont noté qu'il y avait une lenteur dans la mise en place des commissions provinciales d'instruction et d'approbation des cahiers des charges, absence de comités locaux de suivi des cahiers des charges et absence d'indications sur la hauteur du budget pour financer le cahier des charges. Puisque les montants alloués aux projets sont pour certaines sociétés insignifiants. Forts de toutes ces raisons, nous avions conclu que la plupart des cahiers des charges qui étaient déjà élaborés étaient mal négociés.

Tous les participants ont recommandé au Ministre des mines de :

- faire pression à tous ces titulaires des droits miniers pour qu'ils respectent la loi minière élaborent et fassent signer, dans un délai court, leurs cahiers des charges;

- voir comment on peut renégocier les mauvais cahiers des charges;
- s'impliquer pour que les processus d'approbation et notification des cahiers des charges signés ne soient pas longs;
- s'impliquer pour pousser les provinces à un bon accompagnement des communautés locales dans l'élaboration et la signature des cahiers des charges.

Comme je viens de le dire, à ce jour, nous avons enregistré quatre cahiers des charges signés au Haut Katanga, treize au Lualaba, un au Nord-Kivu et un au Haut-Uélé. Le tableau 20 donne quelques chiffres des devis estimatifs des cahiers de charges signés.

Tableau 21- Devis estimatif des cahiers de charge de neuf sociétés minières

	Société	Devis estimatif USD	Chronogramme de réalisation
1	SOMIKA	4.197.500	2021-2025
2	STL	1.915.097	2020-2024
3	RUASHI MINING SAS	5.425.737	2020-2023
4	MMG KINSEVERE SARL	6.000.000	2021-2025
5	KIBALI GOLD MINES	8.763.258	2022-2026
6	ALPHAMIN BISIE MINING	4.000.000	2021-2025
7	TENKE FUNGURUME MINING	31.194.000	2020-2024
8	COMMUS	4.400.000	2021-2025
9	SOMIDEZ	4.000.000	2021-2025

Concernant le dossier sur la dotation de 0,3 %, tous les participants ont déploré le blocage qui est à la base de la non application de cette disposition du Code Minier depuis 3 ans. C'est le Ministre des mines qui a dû expliciter à tous les participants plusieurs aspects, en résumant le contenu du manuel des procédures élaboré par le Ministère des mines et qui était en cours de traitement au niveau de la commission des lois. A travers sa présentation, il a affirmé que la loi minière reprend clairement qu'il faut créer un organisme spécialisé et lui donner une personnalité juridique par des textes réglementaires pour lui permettre de gérer les fonds au bénéfice du développement local. Les organisations de la société civile ont renchéri en confirmant le fond du projet de manuel présenté par le Ministre. Elles ont insisté sur la nécessité de signer urgemment l'Arrêté Interministériel d'approbation du manuel des procédures et d'institution de l'organisme spécialisé puisque selon leur état des lieux à la date de l'atelier, plus de 100 millions USD revenant aux communautés impactées par les projets miniers sont bloqués dans les comptes des sociétés minières (MAYANI, 2020).

Le projet d'Arrêté Interministériel Mines-Affaires sociales pour le manuel de procédure donnant les directives sur la gestion de la dotation minimale de 0,3 % du chiffre d'affaires des sociétés minières pour contribution aux projets de développement communautaire avait été soumis par le Gouvernement Ilunga Ilunkamba à la Commission des Lois du Gouvernement pour examen en vue de sa transmission aux délibérations du Conseil des Ministres.

C'est une année après que le nouveau Gouvernement l'a adopté en Conseil des Ministres du 10 Décembre 2021. Comme les Ministres des mines et affaires sociales venaient de signer le 21 Décembre 2021 l'Arrêté interministériel n°00820/CAB.MIN/MINES/01 et n°003/CAB.MIN/AFF.SOC.A.H.SN portant approbation du manuel des procédures de gestion de la dotation de 0,3 % minimum du chiffre d'affaires pour contribution aux projets de développement communautaire dans le secteur minier, il faudra rapidement rendre opérationnel les organismes spécialisés chargés de gérer ces fonds au profit des communautés locales. Il faudra ensuite monter des stratégies efficaces pour le recouvrement de cet argent logé dans les comptes des opérateurs miniers depuis 2018. A ce jour en 2022, le montant total de la dotation de 0,3 % pour contribution au développement communautaire s'élèverait à plus de 156 millions de dollars américains. Ce chiffre a été estimé sur base du chiffre d'affaires global par année des industries minières de la RDC évalué à environ 15 milliards de dollars américains (ITIE RDC, 2021 ; MAYANI, 2020). Même en cas des estimations les plus minimalistes, le montant total de la dotation ne sera pas en deçà de 150 millions USD. Ce montant est devenu très important et son versement aux communautés locales impactées par les activités de l'exploitation de nos mines va soutenir beaucoup de projets de constructions qui manquent à la base (ponts, routes de desserte agricole, écoles, hôpitaux, captage d'eau potable, …).

Tableau 22- Quelques chiffres estimatifs de la dotation pendant les 4 ans de 2018 à 2021

Exercice Fiscal	Chiffre d'affaires global de l'industrie minière en milliards USD	Dotation de 0,3 % en million USD	Observation
2018	15	22,5	Moitié de l'exercice fiscal. Code minier révisé entré en vigueur en Juin 2018
2019	15	45	Totalité de l'exercice fiscal
2020	15	45	Totalité de l'exercice fiscal
2021	15	45	Totalité de l'exercice fiscal
Estimation du total de la dotation non constituée	45	156,5	

Quels sont les défis de l'environnement minier ?

5.6. Défis de l'environnement minier

Pour relever les défis liés à l'environnement minier et prévenir la pollution de l'atmosphère, du sol, des eaux naturelles et souterraines, de la faune et de la flore, il faut faire appliquer strictement les dispositions du Code Minier concernant l'environnement. Ceci nécessite de (d') :

- vulgariser les dispositions de la loi relatives à la responsabilité environnementale des entreprises ;
- renforcer les études environnementales avant l'octroi des titres miniers ;
- respecter des recommandations formulées dans l'EIES et le PGES ;
- contraindre les sociétés de l'État au respect des exigences environnementales : changement des modes de stockage des rejets en utilisant les membranes imperméables qui bloquent les infiltrations, le traitement des effluents gazeux et eaux usées déversées dans leur rivière naturelle,... ;
- faire respecter le paiement de la provision pour réhabilitation du site d'exploitation ;
- respecter l'application de la loi par l'État pour la réhabilitation des sites miniers avec la provision de 0,5 % ;
- restaurer les anciens sites miniers et revégétaliser certains espaces occupés par des anciens rejets et provoquant plus souvent la dispersion des ETM par les phénomènes d'érosion éolienne et pluviale ;
- renforcer le contrôle environnemental des activités minières et des sites de stockage des rejets instables tels que des rejets à DMA
- répondre aux problèmes sociaux des populations environnantes privées d'eau des nappes phréatiques suite au rabattement des eaux de la nappe provoquées par l'exploitation minière ;
- exiger des technologies propres pour les nouveaux projets miniers ;
- exiger de la protection additive aux anciennes unités de production et particulièrement, les unités des sociétés minières du portefeuille de l'État ;
- appliquer le principe de pollueur-payeur en cas de pollution accidentelle ;

- renforcer la collaboration entre le Ministère des mines et celui de l'environnement.

Je rappelle les défis de la responsabilité sociétale des entreprises.

5.7. Défis de la Responsabilité sociétale des entreprises

Les dispositions du Code et Règlement miniers portant sur la responsabilité sociétale des entreprises sont très claires et bien décrites dans la loi mais il faudra contraindre les opérateurs miniers de les appliquer. Pour d'autres, l'État congolais devra faciliter les choses par la signature des textes complémentaires et/ou accélérer les processus de validation des dossiers introduits. Les quelques défis que nous avons pu enregistrer sont :

- la vulgarisation et application stricte des textes de loi relatifs aux engagements sociaux des opérateurs miniers ;
- la publication et application des textes complémentaires sur le manuel de procédures pour la dotation minimale de 0,3 % sur le chiffre d'affaires annuel ;
- la formation et encadrement des communautés locales dans la signature des cahiers de charges ;
- l'accélération du processus de validation des cahiers de charges introduits ;
- la réflexion sur le montant minimal à exiger pour une production minière donné afin d'éviter les sous-évaluations constatées de fois des cahiers de charges ;
- le recouvrement de tout le montant de la dotation de 0,3 % du chiffre d'affaires annuel bloquée depuis 2018.

Conclusion générale

Le secteur minier en République Démocratique du Congo qui constitue, depuis l'indépendance du pays, le secteur économique le plus important, est confronté aux maux multiples qui freinent son développement. Ces maux sont liés à la gouvernance, la transparence dans les activités, la fraude, la mauvaise ou la non application de la loi et le règlement miniers, …

Sachant que toute activité minière commence par l'information géologique, ce point a constitué le premier problème identifié dans cet ouvrage car notre secteur minier est caractérisé par une grande insuffisance de la recherche géologique qui ne permet pas au pays de maîtriser son domaine minier. Si l'information géologique n'a pas été développée sur l'ensemble du territoire national pour booster suffisamment l'investissement privé conformément à la loi minière en vigueur, c'est suite à l'inefficacité plurielle se traduisant par le manque de moyens financiers, d'équipements et d'infrastructures adéquates. Et c'est ainsi que le potentiel géologique de notre pays, quoique vaste et varié, n'a été étudié que sur 11 % du territoire national et principalement à l'Est de notre pays où sont concentrés les grands gisements des ressources minières et la majorité des sociétés minières titulaires des titres miniers et celles qui exploitent en joint-venture avec les sociétés du portefeuille de l'État.

Les principaux défis de l'État sur l'information géologique se rapportent à la mobilisation des fonds de FOMIN conformément à la loi minière, au financement des activités de la recherche géologique, à la promotion de l'information obtenue et à la récolte de toutes les informations géologiques provenant de la recherche des projets privés.

J'ai aussi relevé comme pathologies, l'inefficacité de la gouvernance et l'insuffisance de la transparence dans notre administration relative au secteur des mines dans l'application du Code Minier. Par exemple, il y a certaines fraudes constatées dans la gestion du domaine minier qui nécessitent l'assainissement du Cadastre Minier, tels que l'octroi, le maintien et la déchéance des titres sans respecter les procédures reprises dans la loi et le règlement miniers, le non-respect des appels d'offres dans la transformation des PE récupérés après déchéance. Les défis à relever à ce niveau sont la restructuration et le renforcement de la gouvernance dans le secteur des mines, la lutte contre la corruption et toutes formes de fraudes dans le secteur, l'application des sanctions prévues par la loi en cas de manquement aux obligations de la loi minière et le contrôle régulier des activités des services des mines.

Le sous-secteur minier industriel est celui qui apporte plus de recettes au pays sous forme, principalement, d'impôts, taxes, droits et redevances et autres prélèvements parafiscaux payés conformément à la loi minière en vigueur. Mais, ces recettes sont souvent minorées à cause des mauvaises pratiques qui caractérisent toute l'économie congolaise tels que la corruption, la fraude, la mauvaise gouvernance et le manque de transparence malgré toutes les mesures prises dans les lois du pays pour sanctionner ces maux. Ainsi, une partie des recettes échappe à l'État, à tous les niveaux, au profit des individus corrompus qui s'enrichissent sur le dos de l'État. Le sous-secteur minier industriel connaît donc également des problèmes de non-respect de certaines dispositions de la loi minière, ce qui a pour conséquence le frein de l'émergence de la RDC. Le plus grand défi, en dehors de l'amélioration de la gouvernance, devient donc la recherche des stratégies et mécanismes qui permettent à l'État de contraindre tous les opérateurs miniers à rapatrier les 60 % des devises de leurs exportations conformément à la loi, à transformer tous les minerais bruts sur place pour une valeur ajoutée substantielle afin de les rendre plus compétitifs et de générer plus de revenus à l'Etat et à respecter leur engagement dans la protection de l'environnement et envers les communautés locales en ce qui concerne les responsabilités sociétales des entreprises.

Quant aux entreprises minières du portefeuille de l'État, elles se caractérisent par l'inactivité de production, la mauvaise gouvernance, le bradage des titres miniers dormants et la mauvaise gestion des fonds des dividendes perçues dans le cadre des contrats de joint-venture pour la plupart mal négociés. Le défi à relever par l'État est la mobilisation des moyens financiers pour la relance de leurs activités minières et/ou la certification des gisements dormants connus et étudiés en utilisant rationnellement les recettes disponibilisées par les opérateurs miniers sous forme de paiement de 10 % de la redevance minière de FOMIN. Pour rendre ces sociétés minières compétitives, l'État doit éviter de donner des faveurs en dérogeant à chaque fois sur certaines dispositions de la loi minière, par exemple lors des renouvellements des permis expirés, les paiements des droits superficiaires, la protection de l'environnement, …

Le sous-secteur minier artisanal est celui qui est caractérisé par des multiples maux qui décrédibilisent même toute l'exploitation des ressources minérales en RDC. En tentant de maintenir ses activités pour répondre aux besoins sociaux et au manque d'emploi de la population, il est nécessaire pour l'État de monter des stratégies et mécanismes pour assainir totalement ce sous-secteur en créant des chaînes d'approvisionnement responsables, éthiques et respectueuses des droits de l'homme. Il faudra donc adopter une politique de certification des produits issus de cette activité en impliquant tous les pays transfrontaliers de l'Est pour arriver à coordonner tous les flux des matières minérales et endiguer la fraude et la contrebande minières. C'est ici qu'il faut saluer la décision prise par le Gouvernement Ilunga Ilunkamba de créer l'ARECOMS pour assainir principalement les substances minérales les plus convoitées au monde qui sont les ressources minérales stratégiques comme le cobalt et le coltan. Cette décision prise en tenant compte des recommandations de l'ensemble de toutes les parties prenantes, à savoir le Gouvernement, les Opérateurs Miniers, la Société Civile, les ONGs et les Partenaires Techniques et Financiers, devrait être appliquée pour stabiliser les prix de vente de ces substances stratégiques, permettre leur traçabilité, endiguer la fraude et le respect des conditions de travail, spécialement en faveur des catégories les plus vulnérables que sont les enfants et les femmes enceintes.

La RDC doit donc impérativement avoir une politique minière extractive qui soit source de développement pour la nation entière. Tous les Gouvernements de la République qui se succèdent doivent mener une politique visant à structurer toutes les chaînes de valeur de notre industrie minière extractive. La question de l'émergence d'une classe moyenne congolaise dans le secteur minier ne doit pas rester utopique, cette question doit être au centre de l'action gouvernementale.

Le plus grand problème qui doit nous emmener à prendre conscience après 60 ans de notre indépendance, c'est l'amélioration des principes de transparence et de bonne gouvernance dans le secteur minier. Malgré les mécanismes mis en place par l'ITIE, le Gouvernement doit améliorer son système de suivi et contrôle de toutes les activités minières de notre pays pour accroître la mobilisation des recettes à tous les niveaux d'une part (Trésor Public, Provinces et ETD) et rendre toutes les chaînes d'approvisionnement de nos minerais éthiques et responsables.

L'amélioration de la gestion du secteur des mines par l'application stricte et intégrale du Code Minier, instrument de souveraineté de notre pays dans la gestion des ressources minières passe par la vulgarisation à tous les niveaux de cette loi minière. Tous les intervenants et parties prenantes de ce secteur (Autorités hiérarchiques du pays au niveau national, Ministre national et les ministres sectoriels, l'Administration des mines, les provinces, les ETD, les services spécialisés, les entreprises minières, les communautés locales, ...) ont le devoir de contribuer activement au développement de la RDC. Le changement d'Autorité à tous les niveaux de notre pays doit être caractérisé par l'esprit de la continuité de l'État pour éviter que des projets importants soient souvent arrêtés ou carrément mis en veilleuse.

« 60 ans après l'indépendance, nous devons juste prendre conscience que les minerais sont épuisables et qu'il y a la nécessité de construire notre pays tant que nous avons encore les mines pour que les générations futures profitent des infrastructures et activités durables que nous leur aurons léguer. »

Bibliographie

A) Documents officiels

- Constitution de la République Démocratique du Congo telle que modifiée par la Loi n°11/002 du 20 Janvier 2011 portant révision de certains articles de la Constitution de la République Démocratique du Congo du 18 Février 2006 (Textes coordonnés), Journal Officiel de la République Démocratique du Congo, 52ème année, numéro spécial, Kinshasa, 5 Février 2011
- Ordonnance Loi n°82-039 du 5 Nov.1982 modifiant et complétant l'ordonnance Loi n°81-013 du 2 avril 1981 portant législation générale sur les mines et les hydrocarbures
- Loi n° 007/2002 du 11 Juillet 2002 portant Code Minier, telle que modifiée et complétée par la loi n°18/001 du 09 Mars 2018
- Loi n° 67/231 du 11 Mai 1967 portant législation générale sur les mines et les hydrocarbures
- Loi n°81-013 du 02 Avril 1981 portant législation générale sur les mines et les hydrocarbures
- Loi n° 16/010 du 15 Juillet 2016 modifiant et complétant la loi n° 015-2002 portant Code du travail
- Loi n°09/001 du 10 Janvier 2009 portant Protection de l'Enfant
- Décret n° 038/2003 du 26 Mars 2003 portant Règlement Minier tel que modifié et complété par le Décret n°18/024 du 08 Juin 2018
- Décret n° 19/15 du 05 Novembre 2019 portant sauvegarde des activités relatives aux substances minérales stratégiques d'exploitation artisanale
- Décret n° 19/16 du 05 Novembre 2019 portant création, organisation et fonctionnement de l'Autorité de Régulation et de Contrôle des Marchés des Substances Minérales Stratégiques « ARECOMS »
- Décret n° 11/28 du 07 juin 2011 fixant les statuts d'un établissement public dénommé Centre d'Expertise, d'Évaluation et de Certification des substances minérales précieuses et semi-précieuses, en sigle « CEEC »

- Décret n° 17/009 du 04 Avril 2017 portant Création et Statuts d'un Service Public dénommé Service d'Assistance et d'Encadrement de l'Exploitation Minière Artisanale et à Petite Échelle, en sigle « SAEMAPE »
- Décret n° 19/17 du 25 novembre 2019 portant statuts, organisations et fonctionnement d'un établissement public dénommé Fonds Minier pour le Générations futures, en sigle « FOMIN »
- Décret n° 18/042 du 24 novembre 2018 portant déclaration du cobalt, du germanium et de la colombo-tantalite « coltan » comme substances minérales stratégiques
- Décret n° 068/2003 du 03 avril 2003 portant statuts, organisation et fonctionnement du Cadastre Minier, en sigle « CAMI »
- Décret n° 08/10 du 16 Juin 2008 portant modification de l'Ordonnance n° 78-153 du 11 Avril 1978 portant création d'une Cellule Technique de Coordination et de Planification Minière, « CTCPM »
- Décret n° 17/016 portant création, organisation et fonctionnement du Service Géologique National du Congo, « SGNC »
- Arrêté Ministériel n° 0057 CAB.MIN/Mines/01/2012 du 29 Février 2012 portant mise en œuvre du Mécanisme régional de certification de la Conférence Internationale sur la Région des Grands Lacs, « CIRGL » en République Démocratique du Congo
- Arrêté interministériel n° 0001/CAB/MIN/MINES/01/2019 et CAB/MIN/FINANCES/2019/009 du 22 Février 2019 portant fixant des taux des droits, taxes et redevances à percevoir à l'initiative du ministère des mines
- Arrêté interministériel n°00820/CAB.MIN/MINES/01 et n°003/CAB.MIN/AFF.SOC.A.H.SN portant approbation du manuel des procédures de gestion de la dotation de 0,3 % minimum du chiffre d'affaires pour contribution aux projets de développement communautaire dans le secteur minier
- Arrêté Interministériel n° 0719 /CAB.MIN/MINES/01/2010 et n° 140/CAB.MIN/ INT.SEC/2010 du 20 octobre 2010 portant création, organisation et fonctionnement de la Commission Nationale de Lutte contre la Fraude Minière
- Arrêté Ministériel n°009bis/CAB.MIN/00/MN/199 du 19 février 2019 portant règlementation, autorisation de l'exploitation minière artisanale et commercialisation de la malachite, de l'hétérogénite, de la cassitérite et leurs accompagnateurs

- Arrêté Ministériel n°00122/CAB.MIN/MINES/01/2020 du 06 Mars 2020 portant création, organisation et fonctionnement de la Commission Interministérielle chargée du suivi de la question du travail des enfants dans les mines artisanales, en sigle « CISTEMA »
- Note circulaire n° 00002/CAB.MIN/MINES/01/2020 du 23 Juillet 2020 relative à la mise en œuvre des procédures et modalités pratiques des dispositions de l'alinéa 3 de l'article 220 de la Loi n° 007/2002 du 11 Juillet 2002 portant Code Minier, telle que modifiée et complétée par la Loi n° 18/001 du 09 Mars 2018
- Note-Circulaire n°0007/CAB.MIN/MINES/01/2017 du 07 Août 2017 portant rappel des dispositions pertinentes légales et règlementaires interdisant le travail des enfants dans le sous-secteur minier artisanal de la RDC
- Carte des Ressources Minérales de la République Démocratique du Congo au 1/2.500.000 (Occurrences Minérales et Métallogénie), notice explicative, document du Ministère des Mines/RDC, Banque Mondiale et Africa Tervuren, ISBN 978-9-4922-4484-0, 2015
- Guide du Processus de Kimberley, 2015, URL http://impacttransform.org/wp-content/uploads/2018/03/Un-guide-du-Processus-de-Kimberley-2015.pdf, le 01er Janvier 2022
- Manuel de Certification CTC « Certified Trading Chains », 2019, URL https://www.bgr.bund.de/EN/Themen/Min_rohstoffe/CTC/Downloads/kongo_manual_cupro_cobaltifere_fr.pdf?__blob=publicationFile&v=6, le 01er Janvier 2022

B) Livres, revues et autres publications

- AINSLEY, K.L, OTIS, B., CHONG, E. 2019. *Sustainable and Safe Dams Around the world,* 1st Edition, Volume 2m Proceedings of the ICOLD 2019 Symposium, June 9-14, 2019, Ottawa, Canada, ISBN 9780429319778.
- AFNOR (Agence Française de Normalisation). Paris: AFNOR, 1994, 250p.
- ANDRE, P., DELISLE.,C.E., Revéret, JP., 2010. *L'évaluation des impacts sur l'environnement, processus, acteurs et pratique pour un développement durable*, 3ème Edition, Presses internationales Polytechnique, ISBN 978-553-01541-0.

- BANKS, D., BURKE, S.P. and GRAY, C.G., 1997. *Hydrogeochemistry of coal mine drainage and other ferruginous waters in north Derbyshire and south Yorkshire, UK.* Quart. J. Eng. Geol., 30: 257–280.
- BENZAZOUA, M., BUSSIERE, B., KONGOLO, M., Mc LAUGHLIN, J., and MARION, P., 2000. *Desulphurization feasibility of mine tailings for acid mine drainage control: study on four Canadian tailings*, Inter. J. Miner. Process., 60: 57-74.
- BENZAZOUA, M. and KONGOLO, M., 2003. *Physico-chemical properties of tailing slurries during environmental desulphurization by froth flotation*, Inter. J. Miner. Process., 69: 221-234.
- BGR, 2021. *Chaînes d'Approvisionnement et Conditions d'Exploitations Artisanales du Secteur Cupro- Cobaltifère en République Démocratique du Congo*, ISBN 978-3-948532-43-7, Bundesanstalt für Geowissenschaften und Rohstoffe Stilleweg 2, 30655 Hannover, Germany, Avril 2021
- BLIEFERT et PERRRAUD, 2009. *Chimie de l'environnement*, 2ème Edition, Edition De boeck Université, Rue de Minimes, 39 B-1000 Bruxelles, ISBN 978-2-8041-5945-0.
- BLANCHARD, C., 2000. *Caractérisation de la mobilité potentielle des polluants inorganiques dans des sols pollués*. Thèse. Institut National des Sciences Appliquées de Lyon, 240 p.
- CAILTEUX, J., 2008. *Anhydrite pseudomorphs and the origin of stratiform Cu–Co ores in the Katangan Copperbelt (Democratic Republic of Congo).* Mineralium Deposita 43(5): 575-589.
- CAILTEUX, J.L.H. and MISI, A., 2007. *Neoproterozoic sediment-hosted base metal deposits of Western Gondwana.* Gondwana Research 11 (3): 344-345.
- CHABU, M., 1992. *Barian feldspar and muscovite from the Kipushi carbonate-hosted Zn-Pb-Cu deposit (Shaba, Zaire),* Canadian Mineralogist 30: 1143–1152.
- CAMI, 2021. *Etat des lieux des activités du service au 24 Février 2021*, Notes internes inédites
- CAMI, 2021. *Notes internes du service*
- CEEC, 2021. *Rapport d'activités de l'année 2020*
- CTCPM, 2020. *Bulletins statistiques Minières*, Exercice 2019
- CTCPM, 2020. *Répertoire des opérateurs du secteur des mines et carrières*, Edition 2020

- CTCPM, 2021. *Notes internes du service*
- DE PUTTER, TH., MEES, F., DECRÉE, S., DEWAELE, S., 2010. *Malachite, an indicator of major Pliocene Cu remobilization in a karstic environment (Katanga, DR Congo).* Ore Geology Review 38: 90-100.
- DEWAELE, S., MUCHEZ, P., VETS, J., FERNANDEZ- ALONZO, M. and TACK, L., 2006. *Multiphase origin of the Cu-Co ore deposits in the western part of the Lufilian fold-and-thrust belt, Katanga (Democratic Republic of Congo).* Journal of African Earth Sciences 46(5): 455-469.
- GECAMINES, 2017. *Notes inédites des services géologiques,* Likasi.
- GUPTA, S.K., VOLLMER, M.K. and KREBS, R., 1996. *The importance of mobile, mobilisable and pseudo-total heavy metal fractions in soil for three-level risk assessment and risk management. The Science of the Total Environnement*, 178: 11-20
- GREORGHE, A., GRUJENSCHI, C., (1975). *Etude hydrogéologique et du drainage souterrain à la mine de Kipushi,* Notes internes Service de Géologie Gécamines Kipushi, Septembre 1975.
- HAEST, M. and MUCHEZ, P., 2011. *Stratiform and vein-type deposits in the Pan-African Orogen in Central and Southern Africa: evidence for multiphase mineralization Geologica Belgica* 14(1-2): 23-44.
- HALLBERG, K.B., 2010. *New perspectives in acid mine drainage microbiology, journal hydrometallurgy* 104, pp 448 – 453.
- INTIOMALE, 1977. *Exhaure et drainage à Kipushi, Notes internes Service de Géologie Gécamines Kipus*hi.
- JAMBOR, J.L. and BLOWES, D.W., 1998. *Theory and application of mineralogy in environmental studies of sulfide-bearing mine wastes.* In: Cabri, L.J., Vaughan, D.J. (Eds.), Modern Approaches to Ore and Environmental Mineralogy. Mineralogical Association of Canada, pp. 367–401.
- KABEMBA, C., et BOKUNDU, M., 2020. *Surexploitation et injustice contre les creuseurs artisanaux dans la chaine d'approvisionnement du cobalt congolais*, Southern Africa Resource Watch, Resource Insight Edition 18, Février 2020
- KAMPUNZU, A.B. and CAILTEUX, J.L.H., 1999. *Tectonic Evolution of the Lufilian Arc (Central Africa Copper Belt) During Neoproterozoic Pan African Orogenesis*. Gondwana Research 2(3): 401-421
- KITOBO, W., KALENGA, P., ILUNGA, N.A., LUBOYA, O. et FRENAY, J., 2007. *Caractérisation de la mobilité des éléments traces*

métalliques contenus dans les rejets de l'Ancien Concentrateur de Kipushi en R.D.Congo. Annales du Pôle Mines-Géologie- Université de Lubumbashi 1, 133-142

- KITOBO, W. et FRENAY, J., 2007. *Valorisation et dépollution des rejets de l'Ancien Concentrateur de Kipushi au Katanga en R.D.Congo.* Annales du Pôle Mines-Géologie- Université de Lubumbashi 1, 85-96
- KITOBO, W., 2009. *Valorisation et dépollution des rejets miniers sulfurés du Katanga en RDC*, thèse de doctorat, Université de Liège, Belgique, p 243.
- KITOBO, W., 2016. *Drainage minier acide dans les tailings de Kipushi et Musoshi, notes inédites*
- KIPATA, M.L., DELVAUX, D., SEBAGENZI, M.N., CAILTEUX, J. and SINTUBIN, M., 2013., *Brittle tectonic and stress field evolution in the Pan-African Lufilian Arc and its foreland (Katanga, DRC): from orogenic compression to extensional collapse, transpressional inversion and transition to rifting*, Geologica Belgica 16(1-2): 001-017
- KLOHN, C.B, 2017. *Study of Tailings Management Technologies, Mine Environment Neutral Drainage (MEND) Project,* Octobre 2017
- LEBOURG, A., STERCKEMANN, T., CIESIELSKI, H. et PROIX, N., 1996. *Intérêt de différents réactifs d'extraction chimique pour l'évaluation de la biodisponibilité des métaux en traces du sol.* Agronomie, 16 : 201-215
- LEBOURG, A., STERCKEMANN, T., CIESIELSKI, H. et PROIX, N., GOMEZ, A., 1998. *Estimation of soil trace metal bioavailability using unbuffered salt solutions : degree of saturation of polluted soil extracts. Environmental Technology*, 19: 243-252
- LESSARD, F., 2018. *Evaluation des courvertures isolantes avec effets de barrière capillaire faites de résidus désulfurés afin de contrôler le drainage minier acide en conditions nordiques,* Mémoire de maîtrise en sciences appliquée, génie minéral, École Polytechnique, Montréal, Canada
- MAYANI, F., 2020. *Deux ans après la révision du Code Minier en République Démocratique du Congo : Les communautés locales en attente des retombées sociétales,* rapport d'évaluation de la mise en œuvre du Code Minier révisé sur le développement communautaire. Cordaid, juin 2020
- MEES, F et al, 2012. *Concentrations and forms of heavy metals around two ore processing sites in Katanga, Democratic Republic of Congo, Journal of African Earth Sciences* 77, (2013) pp 22 – 30

- MORIN, K.A., HUTT, N.M., 1997. *Environmental Geochemistry of Minesite Drainage: Practical Theory and Case Studie*s. MDAG Publishing, Vancouver, Canada
- MUCHEZ, P., BREMS, D., CLARA, E., DE CLEYN, A., LAMMENS, L., BOYCE, A., DE MUYNCK, D., MUKUMBA, W.and SIKAZWE, O., 2010. *Evolution of Cu-Co mineralizing fluids at Nkana Mine, Central African Copperbelt, Zambia.* Journal of African Earth Sciences 58(3): 457-474
- MUCHEZ, P., VANDERHAEGHEN, P., EL DESOUKY, H., SCHNEIDER, J., BOYCE, A., DEWAELE, S.and CAILTEUX, J., 2008. *Anhydrite pseudomorphs and the origin of stratiform Cu–Co ores in the Katangan Copperbelt (Democratic Republic of Congo).* Mineralium Deposita 43(5): 575-589
- MUHIGIRWA, F.R., 2009. *Bonne gouvernance et secteur minier en RD Congo* dans Congo-Afrique n°439, novembre 2009
- OCDE, 2016. *Guide OCDE sur le devoir de diligence pour des chaînes d'approvisionnement responsables en minerais provenant de zones de conflit ou à haut risque :* Troisième édition, Éditions OCDE, Paris,http://dx.doi.org/10.1787/9789264253520-fr, ISBN 978-92-64-25351-3
- OCDE, 2019. *Interconnected supply chains: a comprehensive look at due diligence challenges and opportunities sourcing cobalt and copper from the Democratic Republic of the Congo*, URL: https://mneguidelines.oecd.org/Interconnected-supply-chains-a-comprehensive-look-at-due-diligence-challenges-and-opportunities-sourcing-cobalt-and-copper-from-the- DRC.pdf , le 24 Décembre 2021
- ODYA, K., P., Ingonde, B. 2021. *La fraude et la contrebande minière en RD Congo*, Collection Etudes africaines, L'Harmattan, 250p EAN 9782343248219
- OFPRA, République Démocratique du Congo. *L'exploitation et l'exportation des minerais à l'Est de la RDC. Conditions d'extraction, d'exploitation et d'exportation des minerais. Implication des groupes armés et des autorités. Sanctions prévues par la législation et leur application*, 14 août 2014
- ONG Justice et Paix, 2019. *Analyse du Code Minier en RD Congo : enjeux de la réforme,* Ed resp : Timur Uluç, Commission Justice et Paix 208, Chaussée Saint-Pierre- 1040 Bruxelles – Belgique, Juillet 2019
- POTGIETER-VERMAAK, S., POTGIETER, J., MONAMA, P.and VAN GRIEKEN, R., 2005. *Comparison of limestone, dolomite and fly*

ash as pre-treatment agents for acid mine drainage, Minerals Engineering

- Promines, 2014. *Rapport final sur l'Évaluation Stratégique Environnementale et Sociale Sectorielle du secteur minier en RDC,* Sofreco, mars 2014
- Promines, 2016. *Plan stratégique de développement du secteur minier (2016 – 2021*), Rapport final R-2, Kinshasa,18 mars 2016
- Raj, K. et Anil, K.(2000). *Environmental Issues and Management of Waste in Energie and Mineral Production.* A.A. Balkema, Rotterdam, Netherlands, 791p
- Rapport ITIE RDC, 2021. Rapport assoupli exercices 2018, 2019, 1er semestre 2020, comité exécutif ITIE-RDC Mars 2021
- Rapport International Crisis Group (2020). *Eviter le conflit dans le cœur minier de la RD Congo*, rapport Afrique no.290
- RAQUIBUL, A. et SHANG, J.Q., 2012. *Effect of operating parameters on desulphurization of mine tailings by froth flotation, Journal of Environmental Management*, 97, pp 122 – 130.
- SAEMAPE, 2021. *Rapport d'activités du service de l'année 2020*
- SGN-C, 2020. *Rapport d'activités du service de l'année 2019*
- SOBEK, A., SCHULLER, W., FREEMAN, J., et SMITH, R., 1978. *Field and laboratory methods applicable to overburdens and minesoil. EPA report, no. EPA – 600/2-78-054,* 47-50
- SRK_STEFFEN, ROBERTSON and KIRSTEN, 1989. *Draft Acid Rock Technical Guide. BC AMD Task Force,* Vol. 1
- URE, A.M., 1996. *Single extraction schemes for soil analysis and related applications. The Science of the Total Environment,* 178: 3 – 10

C) Webographie

- https://mines-rdc.cd/fr/
- https://cami.cd/mes-cartes/
- http://e-statmines.ctcpm.cd
- https://www.wathi.org/republique-democratique-du-congo-de-la-qualification-de-scandal-geologique-a-la-malediction-des-ressources-naturelles/

- https://www.bgr.bund.de/EN/Themen/Min_rohstoffe/CTC/Downloads/kongo_manual_cupro_cobaltifere_fr.pdf?__blob=publicationFile&v=6
- http://impacttransform.org/wp-content/uploads/2018/03/Un-guide-du-Processus-de-Kimberley-2015.pdf
- https://congomines.org/system/attachments/assets/000/001/945/original/CDC_TFM.pdf?1595512404
- https://lequotidien.cd/dans-son-cahier-des-charges-pour-les-8-communautes-locales-commus-sas-a-mis-44-millions-usd-echelonnes-en-5-ans-pour-la-realisation-de-beaucoup-de-projets/
- https://congominespdfstorage.blob.core.windows.net/congominespdfstorage/Cahier%20de%20charge%20ABM.PDF
- https://www.tsieleka.com/index.php/2022/03/20/rdc-kibali-gold-signe-un-cahier-de-charge-avec-les-communautes-impactees-par-lexploitation-miniere/
- https://congominespdfstorage.blob.core.windows.net/congominespdfstorage/Cahier%20des%20charges%20RUMI.pdf
- https://congominespdfstorage.blob.core.windows.net/congominespdfstorage/Cahier%20des%20charges%20SOMIKA.pdf
- https://www.wathi.org/republique-democratique-du-congo-de-la-qualification-de-scandal-geologique-a-la-malediction-des-ressources-naturelles / lu le 10 Mars 2022
- https://avzminerals.com.au/manono-mine

Annexes

Annexe A – Carte géologique de la RDC (PROMINES, 2015)

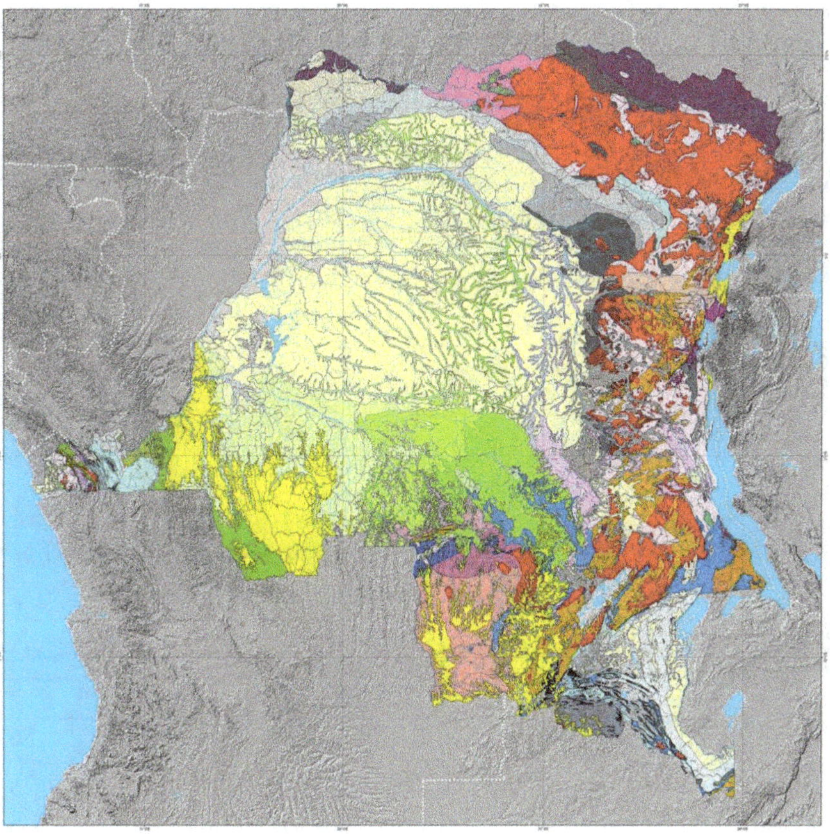

Tableau 23 – Contribution du secteur extractif au PIB en 2018 et 2019

Contribution du secteur extractif	2018	2019
Au PIB brut (valeur ajoutée en millions de CDF	3 486 362,4	3 520 609,3
A la croissance du PIB (en %, au prix de 2005)	75,6	6,4
A la structure du PIB selon l'approche par le produit (en % du PIB à prix constants)	28,7	27,8
A la structure du PIB selon l'approche par le produit (en % du PIB à prix courants)	20,1	13,6
Au PIB (en millions de CDF courants)	15 282 529	11 300 533,4

Source : BCC, Rapport annuel 2019, pp.31-35

Tableau 24 – Contribution du secteur extractif dans les exportations (en millions de dollars et en pourcentage)

Produit	2018		2019	
	Valeur	%	Valeur	%
Cuivre	7 436,1	46,6	8 506,7	56,6
Cobalt	6 350,7	39,8	4 213,7	28,0
Zinc	2,1	0	3,7	0,0
Or	1 100,9	6,9	1 148,1	7,6
Diamant	188,5	1,2	166,6	1,1
Pétrole brut	596,5	3,7	568,9	3,8
Autres	151,9	1,0	312,1	2,1
Total Produits miniers et Hydrocarbures	15 826,8	99,1	14 919,7	99,3
Total exportations nationales	*15 966,8*	*100*	*15 031,3*	*100*

Annexe C -

ALLOCUTION D'OUVERTURE DE SON EXCELLENCE MONSIEUR LE MINISTRE DES MINES A LA 4ème EDITION DE l'alternative MINING INDABA/RDC

Avant toute chose, permettez-moi de m'acquitter d'un agréable devoir, celui de rendre un vibrant hommage à Son Excellence Felix Antoine Tshisekedi Tshilombo, Président de la République, Chef de l'État, qui ne ménage aucun effort pour promouvoir le bien-être du peuple congolais en faisant d'eux les premiers bénéficiaires des ressources naturelles dont regorgent le sol et le sous-sol de notre pays.

Je saisis cette même occasion pour remercier Son Excellence Monsieur le Premier Ministre, Chef du Gouvernement, pour sa détermination de concrétiser la vision du Chef de l'État dans le secteur minier, celle de développer un secteur minier compétitif et durable, qui doit être un secteur porteur de croissance pour le bien-être de la population congolaise.

Mes remerciements s'adressent également au staff de l'Alternative Mining Indaba AMI 2020, qui donne, une fois de plus, l'opportunité aux experts du secteur minier congolais de réfléchir sur les questions de l'heure qui caractérisent notre secteur dans un contexte particulier marqué notamment par l'impératif de la vulgarisation du Code Minier, lancée en Novembre 2019, ainsi que par la pandémie de la Covid-19 qui sévit à travers le monde dont l'impact sur le social et les économies est ressenti différemment selon les pays et les continents.

Il est aussi de mon devoir d'exprimer ma satisfaction à l'endroit de nos partenaires Techniques et Financiers, les Organisations non gouvernementales du réseau des ressources naturelles pour leur accompagnement et conseils, dans les différentes activités du Ministère des Mines. Ceci témoigne du climat de franche collaboration qui caractérise nos relations.

Je me réjouis enfin de voir que le Thème Central de cette 4èmeédition de l'Alternative Mining Indaba/RDC porte sur la « Gestion et impact de la Redevance minière sur le développement des Entités Territoriales Décentralisées (ETD) et l'Impact de la Covid- 19 sur le secteur minier congolais », deux sujets actuellement au centre de mes préoccupations. Je tiens à rappeler que plusieurs recommandations formulées à la 3ème édition de l'Alternative Mining Indaba, tenue à Kinshasa en juillet 2019, ont été exécutées par mon Ministère. D'autres sont en cours de réalisation.

Au nombre des recommandations pertinentes, j'ai noté, la vulgarisation du Code Minier révisé, le contrôle des substances minérales stratégiques, l'intégration de la Vision Minière Africaine « VMA » dans notre législation, la création d'une bourse des matières premières, particulièrement celle de l'or, l'organisation des tables rondes respectivement pour la filière du Cobalt ainsi que la mise en œuvre effective du Fonds Minier pour les générations futures.

S'agissant de la vulgarisation du Code Minier, celle-ci ayant été lancée avant la pandémie de la Covid-19, elle se déroule aujourd'hui à cause de cette pandémie en utilisant au maximum les multimédias. Ainsi que je l'espère, elle va se poursuivre normalement par les canaux traditionnels dès que les conditions sanitaires le permettront.

En ce qui concerne le contrôle des substances minérales stratégiques, il y a lieu de mentionner la signature de quatre Décrets par le Premier Ministre, portant respectivement sur les matières ci-après :

- déclaration du Cobalt, du germanium et du Coltan comme substances minérales stratégiques » ;
- sauvegarde des activités relatives aux substances minérales stratégiques d'exploitation artisanale qui confère l'encadrement de l'exploitation artisanale à l'Autorité de Régulation et de Contrôle des Substances Minérales Stratégiques « ARECOMS »
- création, organisation et fonctionnement de l'Autorité de Régulation et de Contrôle des Marchés des Substances Minérales Stratégiques « ARECOMS » ;
- création et organisation d'un Établissement public dénommé Entreprise Générale du Cobalt « EGC ».

Quant à l'organisation d'une bourse des matières premières, je porte à votre connaissance que les discussions sont en cours avec la Banque Centrale du Congo pour la matérialisation de ce projet en ce qui concerne particulièrement l'or. Quant à l'organisation d'une bourse des matières premières, je porte à votre connaissance que les discussions sont en cours avec la Banque Centrale du Congo pour la matérialisation de ce projet en ce qui concerne particulièrement l'or.

Enfin, dans le cadre du renforcement des capacités du Personnel des Services spécialisés du Ministère des Mines, plusieurs ateliers de mise à niveau sont organisés à travers le pays avec l'appui des Partenaires traditionnels dont nombreux sont parmi nous.

En dépit des quelques réalisations mentionnées ci-haut, le secteur minier de la RDC fait face à plusieurs défis majeurs, notamment la mise en application efficiente des innovations introduites dans le Code Minier révisé en 2018 notamment celles relatives à la gestion de la redevance minière par les ETD, à l'élaboration du cahier des charges, à la responsabilité sociétale des entreprises, à la fiscalité minière, à la dotation minimale de 0,3 % sur le chiffre d'affaires des entreprises minières, etc.

A ce sujet, permettez-moi de répondre aux inquiétudes des uns des autres. S'agissant de la gestion et du contrôle de l'utilisation des fonds issus de la redevance minière, dont bénéficient les ETD, le Gouvernement s'est rendu compte qu'il faille mettre de l'ordre dans ce domaine pour que ces fonds puissent réellement contribuer, mieux financer les projets de développement de ces entités. C'est pourquoi, un projet d'Arrêté Interministériel Mines-Décentralisation-Finances a été soumis à la Commission des Lois du Gouvernement pour examen en vue de sa transmission aux délibérations du Conseil des Ministres. L'accent est mis sur les modalités efficientes de gestion et de contrôle de ces fonds. Il en est de même d'un projet d'Arrêté Interministériel Mines-Affaires Sociales sur la gestion de la dotation minimale de 0,3 % du chiffre d'affaires des sociétés minières pour contribution aux projets de développement communautaire.

Il y a lieu d'avouer ici qu'il existe quelques divergences d'interprétation entre les Ministères des Mines et celui des Affaires Sociales sur la nature juridique de l'entité chargée de la gestion de cette dotation. Un consensus va être dégagé bientôt pour ne pas préjudicier les communautés locales. Concernant l'élaboration des cahiers de charges dans le cadre de la responsabilité sociétale des titulaires des droits miniers d'exploitation et de l'autorisation d'exploitation des carrières permanentes, des instructions précises ont été récemment données aux sociétés minières lesquelles ont l'obligation, conformément au Code Minier, de contribuer au financement des projets de développement communautaire.

Dans ce contexte, il sied de rappeler à tous que le non-respect des engagements vis- à-vis des obligations sociales constitue un manquement qui peut conduire à la déchéance suivant la procédure édictée par les Code et Règlement Miniers.

C'est ici l'occasion pour moi de louer l'initiative prise par SARW, à travers cette 4ème édition pour réfléchir sur les mécanismes d'applicabilité du Code Minier en ce qui concerne les questions liées à la perception et la répartition de la redevance minière au bénéfice du Gouvernement central, des provinces ainsi que des populations impactées par les activités minières.

Par ailleurs, ces assises pourraient renforcer les efforts fournis jusqu'ici par le Gouvernement, à travers le Ministère des Mines, dans la prise des mesures idoines pour limiter les conséquences de la crise sanitaire mondiale, due à la Covid-19, qui a plongé l'économie mondiale dans une récession. Les mesures ainsi prises par mon ministère ont permis d'éviter une brusque suspension des activités minières qui aurait pu entrainer une baisse drastique des recettes publiques et priver l'État des moyens de sa politique. Les statistiques publiées sur le site de la CTCPM en sont une preuve éloquente.

Les participants à ce forum qui se pencheront pendant deux jours sur les thèmes proposés, doivent être rassurés que les recommandations innovantes et susceptibles de contribuer au développement du secteur minier, qui découleront de ce forum, trouveront un écho favorable du Ministère des Mines Je ne saurais terminer mon propos sans réitérer mes remerciements aux intervenants ainsi qu'aux participants invités à ces assises qui, j'en suis convaincu, donneront le meilleur d'eux-mêmes dans les débats.

Ainsi, je déclare ouverts les travaux de la 4ème Edition de l'Alternative Mining Indaba/RDC.

Que vive la République Démocratique du Congo.

Je vous remercie.

Fait à Lubumbashi, le 18 Novembre 2020

Le Ministre National des mines

Professeur Willy KITOBO SAMSONI

Annexe D - Détails techniques de l'exploitation minière de KAMOA COPPER SA

Géologie et minéralisation

La minéralisation identifiée à ce jour au sein du Projet est typique des gisements de cuivre stratiformes encaissés dans des roches sédimentaires. La minéralisation de Kamoa-Kakula est toutefois inhabituelle en ce qu'elle est encaissée à la base du Grand Conglomérat, qui est stratigraphiquement situé au-dessus de la plupart des gisements de la Ceinture cuprifère, lesquels sont généralement encaissés dans des roches dolomitiques du sous-groupe Mines.

La géologie régionale présente des roches sédimentaires du bassin katangais (840-535 Ma), une distension intracratonique s'étant formée sur des roches composites paléoprotérozoïques du soubassement. La séquence des roches métasédimentaires encaissant la minéralisation de la Ceinture cuprifère de l'Afrique centrale forme le supergroupe du Katanga, qui comprend les groupes de Roan, du Kundelungu inférieur et du Kundelungu supérieur.

La grande complexité structurale qui caractérise la partie congolaise de la Ceinture cuprifère, particulièrement évidente dans le district voisin de Kolwezi, n'est pas présente à Kamoa- Kakula, dont la configuration structurale est beaucoup plus simple et semblable aux parties de la Ceinture cuprifère que l'on retrouve en Zambie ou au sud de la RDC. A Kamoa-Kakula, les grès et les siltites du groupe Mwashya forment la couche oxydée inférieure, la diamictite pyritique et les siltites-grès interstratifiés sus-jacents du groupe du Kundulungu supérieur formant la roche encaissante réduite. Bien qu'elles soient sans doute d'origine glaciaire, les diamictites présentes au sein du Projet ont été interprétées comme ayant été produites par des flux de débris dans un bassin s'affaissant rapidement.

Au gisement de Kamoa, la séquence stratigraphique minéralisée située à la base de la diamictite comporte plusieurs unités interstratifiées qui semblent contrôler la minéralisation de cuivre. Ces unités comprennent, de bas en haut, de la diamictite riche en claste (Ki1.1.1.1), du grès et de la siltite (Ki1.1.1.2), et de la diamictite pauvre en clastes (Ki1.1.1.3). L'unité la plus profonde de diamictite riche en clastes (Ki1.1.1.1) encaisse généralement une minéralisation à faible teneur (< 0,5 % TCu). La plus grande partie de la minéralisation à haute teneur est présente dans l'unité pauvre en clastes (Ki1.1.1.3) ou encore dans les intercalations de grès et de siltites (Ki1.1.1.2), localement présents entre les diamictites riches en clastes (Ki1.1.1.1) et pauvres en clastes (Ki1.1.1.3). La minéralisation hypogène est caractérisée par des zones à chalcopyrite et chalcopyrite dominantes. Il existe une importante minéralisation de pyrite dans la siltite pyritique de Kamoa, ou KPS (Kamoa Pyritic Siltstone), au-dessus de l'horizon minéralisé susceptible d'être exploité pour produire des concentrés de pyrite en vue de la production d'acide sulfurique.

Au gisement de Kamoa, la situation du bassin, plus en profondeur, a donné lieu à un épaississement significatif des unités basales diamictites, avec la formation de plusieurs unités de siltites interstratifiées. La minéralisation est concentrée au sein d'une couche de siltite basale présente juste au-dessus du contact avec le groupe de Roan (R4.2). Les sulfures de cuivre présentent également une zonation de bas en haut avec la chalcosite (Cu_2S), la bornite (Cu_5FeS_4) et la chalcopyrite ($CuFeS_2$), la chalcocite étant le minerai dominant.

La minéralisation de cuivre présente trois styles différents : supergène, hypogène et mixte. Près de la surface, à proximité des dômes, la diamictite a été lessivée, donnant lieu à des zones localisées d'oxydes de cuivre et d'enrichissements secondaires en sulfures de cuivre vers le bas dans les zones supergènes. Bien que présentant des teneurs élevées, ces zones supergènes sont relativement étroites et localisées. La minéralisation hypogène constitue le style de minéralisation prédominant. La minéralisation hypogène est présente à faible profondeur, parfois à seulement 30 mètres. Les trois styles de minéralisation sont présents à Kamoa ; à Kakula, toute la minéralisation se trouve à une bonne profondeur et est hypogène.

Estimation des Ressources minérales

Le modèle des Ressources minérales de Kakula est divisé en deux sections, de part et d'autre de la Faille de l'escarpement occidental (West Scarp Fault). Une méthodologie d'estimation tridimensionnelle (3D) est utilisée pour la modélisation. Tous les modèles de Ressources de Kamoa et de Kakula suivent à présent cette même méthodologie d'estimation tridimensionnelle. Les secteurs couverts par les modèles de Ressources sont illustrés à la figure 1 dans le contexte de la zone du Projet ; la figure 26 présente les modèles de Ressources plus en détail, avec l'emplacement des trous de forage.

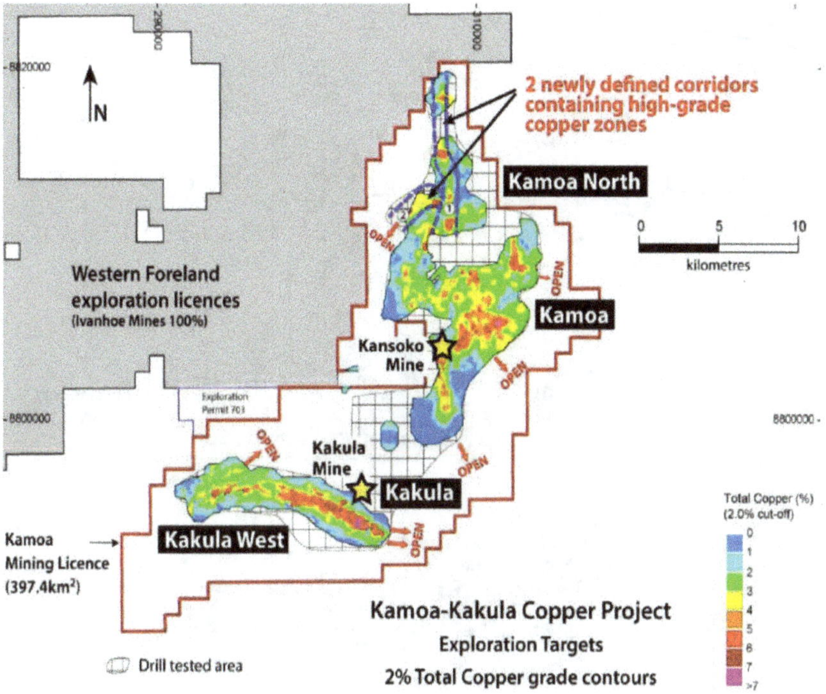

Figure 25 – Permis de Recherche de Kamoa-Kakula : secteurs des Ressources minérales de Kamoa, Kakula et Kakula Ouest, le secteur d'exploration de Kamoa Nord et les objectifs d'exploration

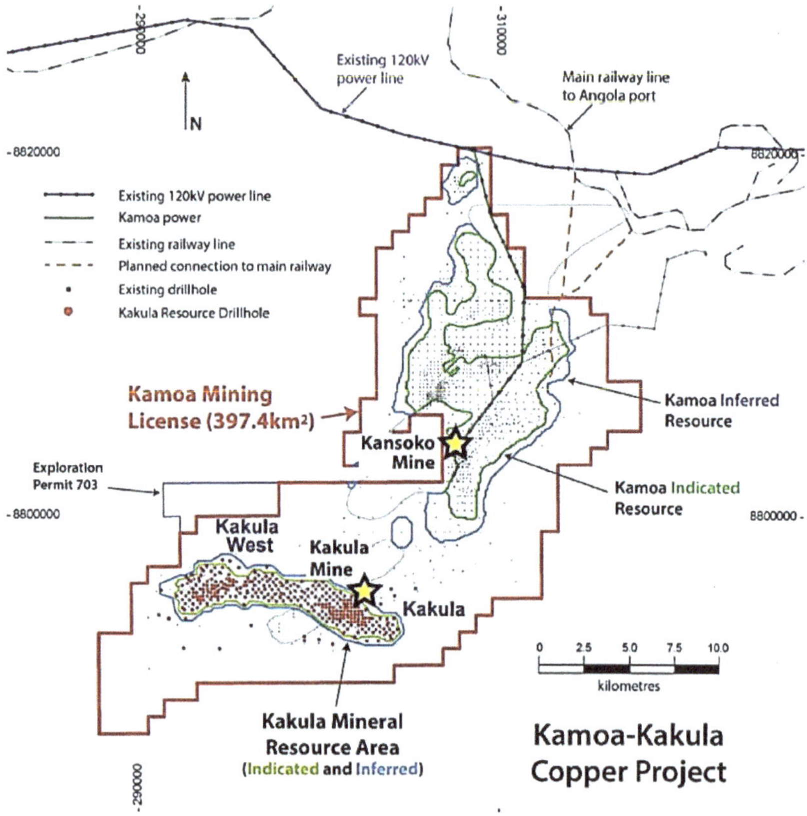

Figure 26 – Plan de situation indiquant les Ressources minérales indiquées et présumées du Projet Kamoa-Kakula

Avec une teneur de coupure de 1 %, les Ressources minérales de Kakula couvrent une superficie de 27,4 km2, dont 21,5 km2 pour les Ressources minérales indiquées et 5,9 km2 pour les Ressources minérales présumées. Le gisement demeure ouvert sur les côtés, avec une possible expansion qui fait actuellement l'objet de forages ; les parties méridionales du permis d'exploitation minière de Kamoa-Kakula n'ont pratiquement pas été explorées.

Les estimations des Ressources de Kakula ont été contrôlées au moyen de quatre domaines basés sur la stratigraphie et de deux domaines basés sur une combinaison de la stratigraphie et d'une enveloppe minéralisée. L'enveloppe minéralisée a été définie sur la base d'une teneur de coupure d'environ 1 % TCu et a été divisée en deux domaines, selon que la roche encaissante était de la siltite ou de la diamictite.

Afin de tenir compte des ondulations du gisement et s'assurer que les profils de teneur entre les trous de forage étaient alignés pour l'estimation, les composites et blocs des trous de forage ont été transformés verticalement, ou « dilatés », en une épaisseur constante correspondant à l'épaisseur maximale de la minéralisation. Cette méthode consiste à aligner horizontalement les parties supérieure, intermédiaire et inférieure des intervalles minéralisés pour l'estimation de la teneur et la variographie par krigeage ordinaire. Cela permet de préserver l'importante zonation minéralogique et verticale en vue d'une optimisation verticale dans la conception de mine. Aux fins d'ajustements en fonction des tendances de la minéralisation sur les côtés, des contrôles géologiques ont été utilisés pour ajuster localement l'orientation des recherches au cours de l'estimation, au moyen du processus d'anisotropie dynamique (logiciel Datamine). C'est cette méthode qui a principalement été suivie pour Kakula Ouest.

Pour les Ressources minérales, la firme Amec Foster Wheeler a utilisé une teneur de coupure de 1 % TCu pour le scénario de base. Le choix de cette teneur de coupure est fondé sur une expérience de plusieurs années dans la Ceinture cuprifère zambienne, dans des mines présentant une minéralisation similaire, par exemple les mines de Konkola, Nchanga, Nkana et Mufulira, où la teneur de coupure de 1 % est considérée comme une coupure naturelle. La teneur de coupure de 1 % TCu constitue également une coupure « naturelle » pour les gisements de Kamoa et Kakula, la plupart des intervalles présentant des teneurs en cuivre de quelques dixièmes de pourcent au-dessus ou au-dessous du composite de la zone minéralisée unique, ou SMZ (single mineralised zone), et bien supérieures à 1 % à l'intérieur du composite SMZ. Pour tester la teneur de coupure de 1 % aux fins d'évaluer les perspectives raisonnables d'une extraction économique, Amec Foster Wheeler a effectué une analyse conceptuelle.

Énoncé de Ressources minérales de Kamoa-Kakula

L'importante Faille de l'escarpement occidental, orientée vers le nord-nord-ouest, présente un décalage vertical significatif et a été utilisée pour diviser le modèle des Ressources minérales de Kakula en deux sections. Le gisement de Kakula Ouest est situé à l'ouest de la Faille de l'escarpement occidental ; le gisement de Kakula est situé à l'est de la Faille de l'escarpement occidental.

Un sommaire des Ressources minérales totales du Projet Kamoa-Kakula est présenté au tableau 1, avec une teneur de coupure de 1,0 % TCu et une hauteur verticale minimale de 3 mètres, et sur une base de 100 %. Ivanhoe détient une participation indirecte de 39,6 % dans le Projet. Les Ressources minérales incluent les Réserves minérales. La viabilité économique n'a pas été démontrée pour les ressources minérales qui ne constituent pas des réserves minérales.

Tableau 25– Ressources minérales présumées combinées de Kamoa et Kakula

Gisement	Catégorie	Tonnes (millions)	Superficie (km^2)	Teneur en cuivre (%)	Epaisseur verticale (m)	Cuivre contenu (kT)	Cuivre contenu (milliards de lbs)
Kamoa	Indiquées	759	50,7	2,57	5,5	19 500	43,0
	Présumées	202	19,4	1,85	3,8	3 740	8,2
Kakula	Indiquées	628	21,5	2,72	10,5	17 100	37,6
	Présumées	114	5,9	1,59	6,9	1 810	4,0
Total Projet Kamoa-Kakula	Indiquées	1 387	72,2	2,64	6,9	36 600	80,6
	Présumées	316	25,3	1,76	4,5	5 550	12,2

Réserves minérales du Projet Kamoa-Kakula

Les Réserves minérales du Projet Kamoa-Kakula comprennent le minerai de la mine Kakula, au gisement de Kakula, et de la mine Kansoko au gisement de Kamoa. Les tonnages et les teneurs ont été calculés pour les blocs d'exploitation minière, et des considérations de dilution et de récupération non prévues ont été prises en compte dans l'élaboration de l'énoncé des Réserves minérales. Un sommaire des réserves minérales totales probables est présenté au tableau 25.

Tableau 26 – Réserves minérales du Projet Kamoa-Kakula

Classification	Minerai (Mt)	Cuivre (%)	Cuivre (Millions de lbs)	Cuivre (kT)
Réserves minérales prouvées	-	-	-	-
Réserves minérales probables	245,0	4,63	25 000	11 340
Réserves minérales	245,0	4,63	25 000	11 340

Réserves minérales de Kakula

Les Réserves minérales prévues dans le plan de mine de Kakula visent à maximiser le profil de teneur en vue d'un taux de pleine production de 6 Mtpa sur 15 ans, avec une augmentation de la production sur cinq ans, et un taux d'extraction et de récupération de 85 %. Différentes limites de rendement net de fonderie ont été évaluées, permettant d'identifier une ressource ciblée d'environ 125 millions tonnes pour les rendements nets de fonderie les plus élevés.

Les tonnages et les teneurs ont été calculés pour les blocs d'exploitation minière, et des considérations de dilution et de récupération non prévues ont été prises en compte dans l'élaboration de l'énoncé des Réserves minérales. Les réserves minérales probables de Kakula sont présentées au tableau 26.

Tableau 27– Réserves minérales de Kakula

Classification	Minerai (Mt)	Cuivre (%)	Cuivre (Millions de lbs)	Cuivre (kT)
Réserves minérales prouvées	-	-	-	-
Réserves minérales probables	119,7	5,48	14 475	6 566
Réserves minérales	119,7	5,48	14 475	6 566

Réserves minérales de Kamoa

L'estimation des Réserves minérales utilisées pour le scénario de 6 Mtpa est basée sur le modèle de blocs de ressources développé par Ivanhoe, sous la direction d'AMEC, et fournie à Stantec. Les valeurs du rendement net de fonderie ont été calculées, puis intégrées au modèle par Ivanplats et OreWin Pty Ltd (OreWin). Seule la portion « Indiquée » des ressources a été utilisée dans l'estimation des Réserves minérales. Aucune des Ressources n'est actuellement classée comme « Mesurée ».

Les Réserves visent à maximiser le profil de teneur en vue d'un taux de production de 6 Mtpa (roches totales) sur une période d'environ 22 ans. Différentes limites de rendement net de fonderie ont été évaluées pour l'élaboration de l'énoncé des Réserves, de façon à obtenir environ 125,2 Mt au rendement net de fonderie le plus élevé. Cette stratégie permettra d'obtenir une plus longue vie de mine ou encore d'augmenter la production à des niveaux plus élevés, pour un usage plus intensif des ressources. Le calendrier définitif, sur la durée de vie de la mine, prévoit ainsi 17 ans de pleine production, avec une vie de mine de 26 ans.

Les tonnages et les teneurs ont été calculés pour les panneaux d'extraction, et des considérations de dilution et de récupération non prévues ont été prises en compte dans le calcul des Réserves minérales probables. Les réserves minérales totales de Kamoa sont présentées au tableau 27.

Tableau 28 – Réserves minérales de Kamoa

Classification	Tonnage (Mt)	Cuivre (%)	Cuivre contenu dans le minerai (Mlb)	Cuivre contenu dans le minerai (kT)
Réserves minérales prouvées	-	-	-	-
Réserves minérales probables	152,2	3,81	10 525	4 774
Réserves minérales	152,2	3,81	10 525	4 774

Exploitation minière à Kakula

La conception de la mine Kakula prévoit un accès à la mine par une double galerie inclinée du côté nord ainsi que par une galerie unique du côté sud du gisement. L'une des galeries nord servira d'accès primaire à la mine, l'autre étant utilisée pour le système de transport par convoyeur. Les dimensions prévues de la galerie inclinée du convoyeur sont de 7 m de largeur x 6 m de hauteur ; les dimensions prévues de la galerie inclinée de service sont de 5,5 m de largeur x 6 m de hauteur. La galerie inclinée sud servira d'entrée/sortie opérationnelle secondaire et facilitera par ailleurs les travaux de développement initiaux de la mine. Les dimensions prévues de la galerie inclinée sud sont de 5,5 m de largeur x 6 m de hauteur. A partir du fond des galeries nord et sud, deux tunnels périphériques seront construits vers les extrémités est et ouest du gisement pour servir d'accès primaire aux zones de production. Ces tunnels seront également utilisés comme circuits de ventilation primaires pour l'entrée et la sortie d'air, et seront donc reliés à une série de puits de ventilation. Le système primaire de manutention du minerai comprendra des galeries de convoyage périphériques et des points de chargement le long du côté nord du gisement. Les tunnels de convoyage périphériques aboutiront à la galerie de convoyage principale. Des interconnexions entre les tunnels périphériques nord et sud assureront l'accès et la ventilation des zones d'exploitation minière prévues. L'accès à la mine et le développement primaire sont illustrés à la figure 27. Les méthodes d'exploitation prévues pour le gisement de Kakula sont le percement et remblayage (avec remblayage par pâte) et la méthode des chambres et piliers. La méthode du percement et remblayage (drift-and-fill) sera utilisée pour 99 % du gisement. Le tableau 28 présente les Réserves minérales de Kakula par méthode d'exploitation.

Tableau 29 – Réserves minérales de Kakula par méthode d'exploitation

Source du minerai	Minerai (Mt)	Développement (km)	Rendement net de fonderie ($/t)	Cu (%)
Minerai de développement	3,9	37	201,43	4,66
Percement et remblayage	113,9	1 486	241,00	5,54
Chambres et piliers	2,0	36	163,41	3,81
Minerai total	119,7	1 559	238,44	5,48

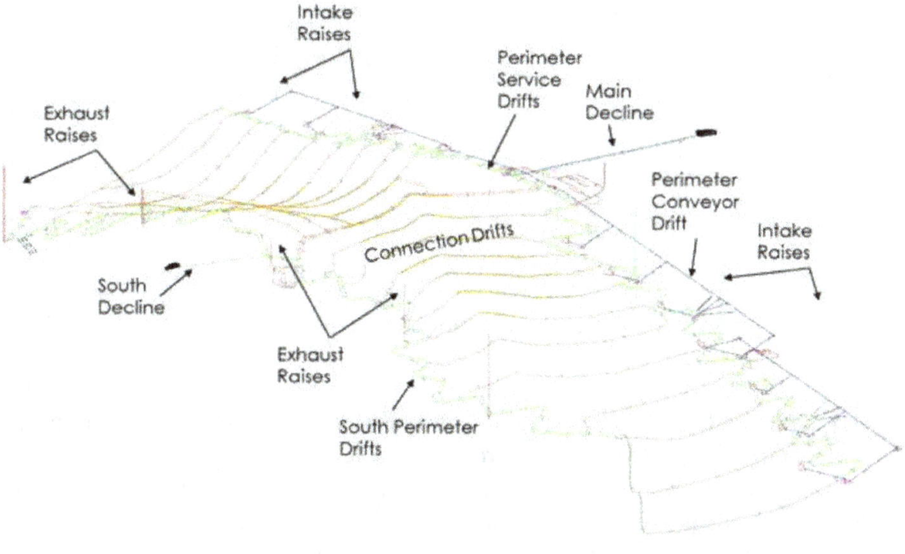

Figure 27 – Développement de la mine Kakula

Des Réserves minérales probables d'environ 125,2 Mt, à une teneur en cuivre de 3,81 %, ont été définies dans plusieurs zones d'exploitation minière en vue de soutenir un taux de production de 6 Mtpa sur une durée de vie de la mine de 26 ans. Ces zones de minerai sont présentes à des profondeurs variant d'environ 60 mètres jusqu'à 1 235 mètres. L'accès à la mine se fera par une double galerie inclinée. Ces galeries inclinées et les puits de ventilation sont illustrés à la figure 4. L'exploitation minière sera effectuée par la méthode des chambres et piliers pour la zone minéralisée située entre 60 et 150 mètres, et par la méthode des chambres et piliers à convergence contrôlée pour les zones minéralisées de plus de 150 mètres de profondeur.

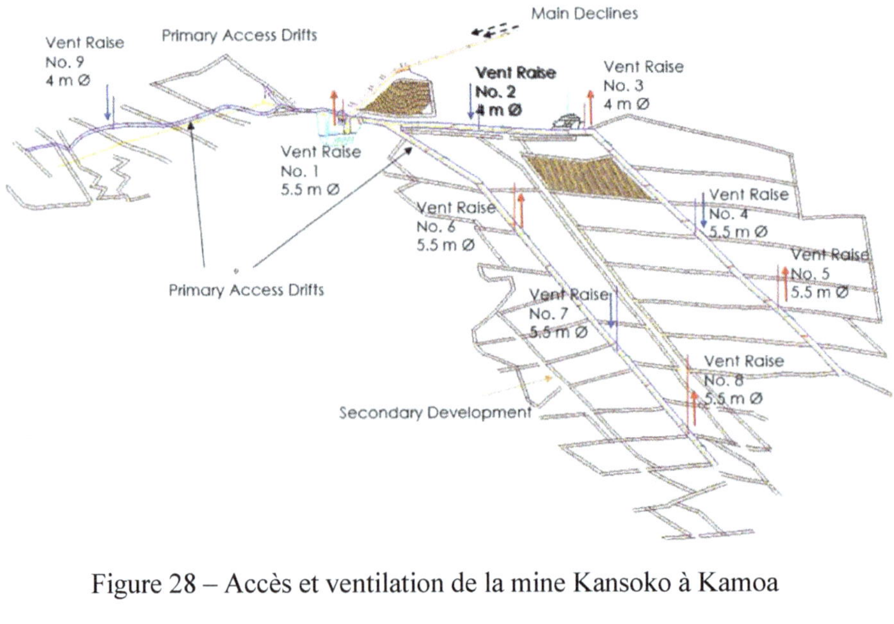

Figure 28 – Accès et ventilation de la mine Kansoko à Kamoa

La méthode des chambres et piliers sera utilisée dans la zone minéralisée située entre 60 et 150 mètres de profondeur de façon à minimiser le risque d'affaissement en surface. Elle devra également être utilisée dans certaines zones à plus de 150 mètres de profondeur pour l'augmentation de la production. Un panneau d'extraction d'essai, pour la méthode des chambres et piliers à convergence contrôlée, sera testé avant toute approbation de panneaux d'extraction supplémentaires suivant cette méthode pour les opérations d'exploitation minière futures.

La production suivant la méthode des chambres et piliers se fera sur la base d'une grille d'exploitation avec des galeries de 7,0 mètres de largeur. Les dimensions des panneaux d'extraction ont été définies sur la base des mêmes critères utilisés pour la méthode des chambres et piliers à convergence contrôlée, telle que traitée ci-dessous. Le développement des chambres d'abattage sera parallèle à la direction du panneau d'extraction pour les pendages de moins de 20° ; les courroies transporteuses seront installées à un fort angle par rapport aux galeries des chambres d'abattage de façon à s'assurer que l'angle des galeries de production soit d'au plus 12°. Lorsque le pendage sera de plus de 20°, les chambres seront développées légèrement en décalage par rapport à l'axe du panneau d'extraction, de façon à obtenir l'angle voulu entre le développement des chambres et les courroies transporteuses. Une stabilité à long terme sera nécessaire dans les zones d'exploitation suivant la méthode des chambres et piliers, de façon à permettre l'accès pendant la production, à mesure que l'extraction avancera depuis le point d'accès vers la fin du panneau d'extraction. Ces zones d'exploitation par chambres et piliers, conçues pour éviter l'affaissement, demeureront accessibles si elles sont adéquatement entretenues et ventilées.

L'exploitation minière par la méthode des chambres et piliers à convergence contrôlée est basée sur les paramètres de résistance et de contrainte de la roche formant les piliers/piliers technologiques de support du panneau d'extraction, qui comprennent les suivants :

- profondeur de zone de minerai de plus de 150 m
- résistance du toit (boulons d'ancrage et gestion des risques de coup de toit)
- paramètres de résistance et de contrainte des roches du toit du panneau d'extraction (lent fléchissement au-dessus de l'espace d'extraction et dans les chambres d'abattage)
- piliers technologiques (piliers entre les chambres) conçus pour permettre les opérations au-delà de la résistance de destruction, de façon à maximiser l'extraction du minerai

C'est la société KGHM CUPRUM Ltd (centre de recherche et développement) qui a développé la méthode des chambres et piliers à convergence contrôlée dans ses mines de Pologne ; CUPRUM agit à titre de contributeur technique pour l'adaptation de cette méthode au Projet.

La méthode des chambres et piliers à convergence contrôlée, au-delà de la résistance de destruction, est basée sur une hypothèse de Labasse (1949) modifiée. La valeur du ratio hauteur : largeur doit être de 0,5 à 0,8. Cela assurera une transition progressive des piliers technologiques au-delà de la résistance de destruction, permettant d'obtenir une strate unie de fléchissement de toit (masse rocheuse sans contrainte et délaminée) au-dessus des chambres d'abattage.

Le calendrier de développement prévoit l'établissement des services de mine et des infrastructures de soutien permettant de mettre en place les zones initiales d'exploitation minière, puis d'augmenter la production à 6 Mtpa (minerai et rejets). Le calendrier de production complet comportera 360 jours d'exploitation par année sur une période de 17 ans, avec une durée de vie de mine de 26 ans.

Le développement de la mine comportera trois phases principales :

- phase 1 : Développement des galeries inclinées jusqu'aux trémies à minerai principales
- phase 2 : Exploitation par chambres et piliers ; également, essais d'exploitation par chambres et piliers à convergence contrôlée sur un panneau d'extraction test
- phase 3 : Développement des Secteurs "Centrale" et "Sud"

Tableau 30 – Sommaire de la production sur la durée de vie de la mine

Méthode d'exploitation	Minerai extrait (kt)	Mètres (m)	Rendement net de fonderie ($/t)	Cu (%)
Minerai de développement	10 665	114 205	146,20	3,34
Chambres et piliers	3 397	36743	243,27	5,29
Chambres et piliers, à convergence contrôlée	111 120	813 559	167,86	3,81
Total	125 182	964 507	168,06	3,81

Les critères suivants ont été appliqués sur la durée de vie de la mine aux fins d'ordonnancement :

- proximité des accès principaux et des premiers ouvrages de développement ;
- teneur élevée et grande épaisseur ;
- contraintes de ventilation ;

- direction de l'exploitation minière ;
- distance de 300 mètres entre deux panneaux d'extraction adjacents ;
- angle de galerie maximum.

En suivant cette stratégie, des panneaux appropriés ont été prévus et programmés de façon à maximiser le profil de teneur au cours de l'augmentation de la production et de la pleine production. Les infrastructures souterraines comportent différentes composantes, notamment les systèmes de manutention du minerai et des rejets, l'exhaure, les ateliers de maintenance, les installations de ravitaillement, la ventilation, les installations de béton / de béton projeté (gunite), les chambres de refuge, etc.

Traitement du minerai à Kalula et Kamoa

Les concentrateurs de Kakula et Kamoa sont identiques. Leur construction est prévue suivant une approche échelonnée avec deux modules de trois Mtpa, au fur et à mesure que les opérations augmenteront jusqu'à la pleine production de 6 Mtpa. Le schéma de procédé de chacun des concentrateurs est présenté aux figures 29 et 30.

Les matières d'alimentation passeront par un grizzly de 300 mm2 en souterrain avant d'être transportées par convoyeur depuis la mine jusqu'aux piles de stockage en surface. Un aimant situé au-dessus de la courroie transporteuse enlèvera les impuretés d'acier des matières d'alimentation avant de les transporter vers les piles de stockage.

Quatre distributeurs à lattes à vitesse variable seront disponibles pour récupérer les matières des piles de stockage et alimenter l'usine de concassage. Le tout-venant sera versé dans l'ouverture de 50 mm d'un crible primaire haute résistance, d'où les matières trop grosses seront dirigées vers le concassage primaire et les matières trop petites vers le concassage secondaire.

Les matières concassées, d'une taille passant huit millimètres (mm) à 80 % (ou « P80 »), alimenteront un circuit de broyeurs à boulets à deux étapes pour réduction à une taille passant 53 micromètres (µm) à 80 %. Les boues broyées passeront par une flottation de dégrossissage et d'épuisement. Les concentrés à teneur élevée (concentré de dégrossissage à haute flottabilité) et teneur moyenne (concentré d'épuisement à flottabilité moyenne) seront recueillis séparément. Le concentré de dégrossissage sera amélioré à l'étape de lavage à teneur élevée à faible entraînement, pour produire un concentré à haute teneur. Le concentré d'épuisement à teneur moyenne sera combiné aux résidus de l'étape de lavage de dégrossissage et aux résidus de l'étape de relavage d'épuisement, pour être amélioré à nouveau dans le circuit de lavage d'épuisement. Le concentré produit par le circuit de lavage d'épuisement, qui constituera environ 12 % des matières d'alimentation, sera rebroyé à une taille passant 10 µm à 80 % (P80) avant le lavage final à l'étape de relavage d'épuisement à faible entraînement. Le concentré de relavage d'épuisement sera alors combiné au concentré de lavage à haute teneur pour former le concentré final. Le concentré final sera épaissi avant d'être pompé vers le dispositif de filtration, après quoi le gâteau de filtration sera ensaché pour expédition vers les marchés.

Les taux de récupération de Kakula seront de 85,4 %, avec un concentré contenant en moyenne 57,3 % de cuivre. Pour Kansoko, le taux de récupération du cuivre sera de 87,5 % en moyenne, avec un concentré contenant en moyenne 36,6 % de cuivre. Aucun sous-produit ne sera contenu dans les concentrés des deux mines. Les concentrés n'auront qu'une très faible teneur en arsenic, et aucune autre impureté ne sera présente. Voir le tableau 30 ci-dessous pour l'analyse détaillée des concentrés.

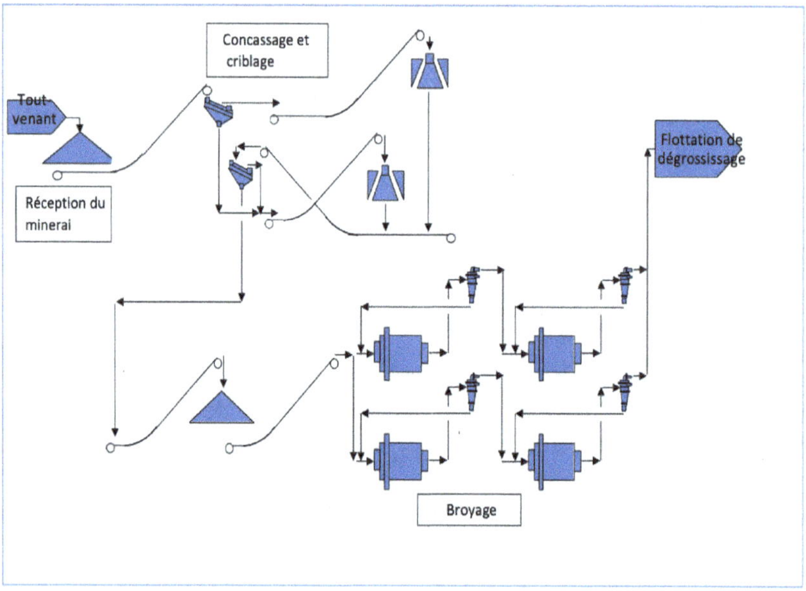

Figure 29 – Schéma de procédé de Kamoa/Kakula

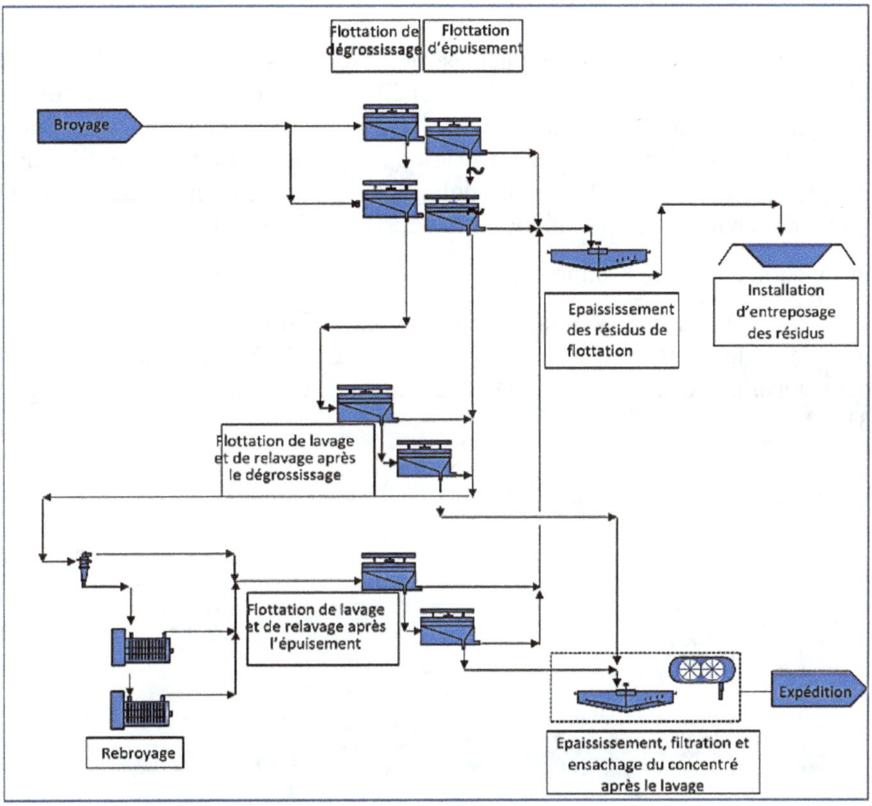

Figure 30 – Schéma de procédé de Kamoa/Kakula

Tableau 31 – Analyse des concentrés de Kakula et Kamoa

Concentré	Kakula	Kansokko
Cu %	57,3	39,0
Fe %	5,13	16,8
S %	15,8	23,2
As %	0,01	0,01
SiO_2	12,6	11,1
MgO	0,91	0,54
Al_2O_3	3,77	2,64
CaO	0,56	0,07

Transport des produits

Une solution logistique échelonnée est proposée dans l'Étude de préfaisabilité 2019 de Kamoa. Initialement, le corridor entre le sud de la RDC et Durban en Afrique du Sud apparaît comme le trajet d'exportation le plus sûr. Aussitôt que le chemin de fer entre Kolwezi et Dilolo (ville située près de la frontière avec l'Angola) aura été réhabilité, les produits du Projet Kamoa-Kakula devraient être transportés par voie ferroviaire jusqu'au port de Lobito en Angola.

Production à la mine Kakula

La mine Kakula comportera une mine souterraine de 6 Mtpa ainsi qu'un complexe de traitement en surface au gisement de Kakula. Le scénario de développement de la mine Kakula, au gisement de Kakula, est illustré à la figure 31.

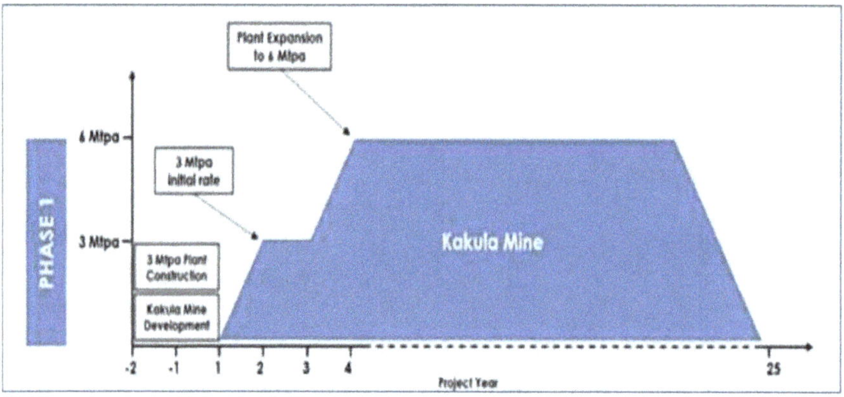

Figure 31 – Scénario de développement à Kakula (6 Mtpa)

La construction de l'usine de Kakula prévoit deux phases de 3 Mtpa chacune, au fur et à mesure de l'augmentation des opérations pour atteindre la pleine production de 6 Mtpa. Le scénario de production sur la durée de vie de la mine prévoit l'extraction de 119,7 Mt, à une teneur en cuivre moyenne de 5,48 %, produisant 9,8 Mt de concentré de cuivre à haute teneur.

Annexe E

Discours de son Excellence Monsieur le Ministre des mines à la réunion entre le ministère des mines et les partenaires techniques et financiers impliques dans la lutte contre le travail des enfants dans le secteur minier artisanal de la RDC

La question du travail des enfants dans le secteur des mines intéresse tout le monde et c'est devenu une question, aujourd'hui, pour rendre notre production responsable. Dans la vie des institutions, il y a des moments inoubliables qui restent gravés dans les annales de ces institutions. La présente réunion, je l'espère, sera inscrite dans les annales du Ministère des Mines, après la Stratégie Nationale Sectorielle de lutte contre le travail des enfants dans les mines artisanales et sur les sites miniers artisanaux en RDC adoptée en Août 2017 à Kinshasa.

Permettez-moi, de prime abord, de rendre un vibrant hommage mérité à Son Excellence Monsieur le Président de la République, Chef de l'Etat, Félix-Antoine TSHISEKEDI TSHILOMBO déterminé à instaurer des chaînes d'approvisionnement responsables en minerais en RDC où le travail des enfants et la présence des femmes vulnérables sont totalement exclus.

En effet, pour Son Excellence Monsieur le Président de la République, « la place de l'enfant, c'est en famille, puis à l'école ». C'est dans ce cadre qu'il a décidé de la mise en œuvre de la disposition constitutionnelle liée à la gratuité de l'enseignement de base, dès son avènement à la magistrature suprême.

Je saisis cette même occasion pour remercier Son Excellence Monsieur le Premier Ministre, Chef du Gouvernement, pour sa détermination à concrétiser cette vision du Chef de l'Etat allant dans le sens du respect des droits de l'homme dans tous les secteurs de la vie et l'éradication de la présence des enfants dans le secteur minier de la RDC. Ce dernier n'a pas hésité de signer deux textes de règlementation particulière pour rendre la production responsable des substances minérales stratégiques de notre pays. Parmi les motivations de la signature de ces deux textes qui sont des décrets du Premier Ministre, il y a l'élimination de la présence des enfants dans les mines artisanales et le renforcement de la traçabilité des produits de l'activité artisanale des substances stratégiques principalement l'activité artisanale des minerais de cobalt et du coltan.

Il s'agit du :

- décret no. 19/15 du 05 Novembre 2019 portant sauvegarde des activités relatives aux substances minérales stratégiques d'exploitation artisanale;
- et du décret no. 19/16 du 05 Novembre 2019 portant création, organisation et fonctionnement de l'Autorité de Régulation et de Contrôle des Marchés des Substances Minérales Stratégiques « ARECOMS ».

Mes remerciements s'adressent à Son Excellence Monsieur le Gouverneur de la Province du Lualaba et son Gouvernement pour avoir accepté que la Ville de Kolwezi, Chef-Lieu de la Province du Lualaba et Capitale mondiale du Cobalt abrite ces assises.

J'exprime également ma reconnaissance à Madame la Directrice du Bureau-Pays OIT/BIT en RDC qui a accepté d'accompagner le Ministère des Mines dans l'organisation de cette réunion, en collaboration avec le Représentant de l'UNICEF.

Ma gratitude est adressée à tous les Partenaires Techniques et Financiers qui ont répondu à notre invitation. Sans leur présence, je suis convaincu que ces assises n'auraient pu se tenir aujourd'hui et demain. Votre présence démontre l'intérêt que vous portez à cette question du travail des enfants dans le secteur minier artisanal de notre pays.

Enfin, je salue la présence des Représentants des autres Ministères, car la question du travail des enfants est transversale au sein du Gouvernement de la République.

A chacun de vous, je vous souhaite la bienvenue et une très bonne participation aux présents travaux. La question du travail des enfants préoccupe tous les Gouvernements qui se sont succédés dans notre pays, et ce, dans tous les secteurs de la vie socio-économique de notre pays.

C'est ainsi qu'en 2011, le Gouvernement a dû mettre en place le Comité National de lutte contre les pires formes du travail des enfants en RDC, placé sous la tutelle du Ministère ayant le travail dans ses attributions.

En vertu de son mandat, ce Comité a élaboré et rendu public, en Décembre 2011, le Plan d'Action National « PAN » de lutte contre les pires formes de travail des enfants en RDC (2012-2020), lequel fournit, d'après ce document, « un cadre général cohérent, coordonné et plus focalisé pour les diverses Initiatives contribuant à l'élimination des pires formes de travail des enfants et, à long terme, celle de toutes les formes de travail des enfants ».

Ce plan d'Action National définit donc une stratégie globale, sans fermer la voie à des stratégies sectorielles, spécifiques pour plus d'efficacité et de réussite. Pour ma part, le Ministère des Mines a pris en charge le dossier de la question du travail des enfants dans son secteur, en étroite collaboration avec le Ministère de l'Emploi, Travail et Prévoyance Sociale, en particulier et avec les autres Ministères et Organismes en général.

Comme je viens de le souligner ci- haut, le Ministère des Mines a pris en charge la question du travail des enfants dans son secteur, et ce, en application des normes nationales, régionales et internationales. Sur le plan interne, il y a lieu de rappeler qu'il s'agisse du Code Minier promulgué en 2002, et celui révisé en 2018, les personnes mineures d'âge sont exclues des activités minières. En clair, la Loi minière de notre pays et ses mesures d'exécution interdisent le travail des enfants dans le secteur minier en RDC.

Sur le plan régional et international, la RDC a souscrit et ratifié plusieurs instruments juridiques relatifs à l'interdiction du travail des enfants et à la protection de ces derniers, notamment, les Conventions n° 182 et 138 de l'OIT.

Ceci démontre que le Gouvernement de la République n'a pas attendu la publication du rapport d'Amnesty International et de l'ONG Afrewatch pour se mettre au travail. Toutefois, il y a lieu de reconnaître que ce rapport a constitué une interpellation pour les Autorités qui gèrent le secteur minier artisanal en général et la filière cobaltifère en particulier.

Dans cet élan, le Ministère des Mines a dû mener des actions ci-après :

- la mise en place d'une Commission Interministérielle de lutte contre le travail des enfants dans les mines artisanales, « CISTEMA », en sigle ;
- l'élaboration de la Stratégie Nationale Sectorielle de lutte contre le travail des enfants dans les mines artisanales en RDC, suivie de son adoption en Août 2017 par toutes les parties prenantes ;
- l'élaboration et l'adoption du Plan Opérationnel de la Stratégie Nationale Sectorielle de lutte contre le travail des enfants dans les mines artisanales, au mois de Novembre 2019 ;
- l'organisation de deux campagnes de sensibilisation auprès des Coopératives Minières en 2017 et en 2018 ;
- l'opérationnalisation de l'Autorité de Régulation et de Contrôle des Marchés des Substances Minérales Stratégiques « ARECOMS », une structure appelée à contrôler que la production des substances stratégiques en activité artisanale se fait de manière responsable sans la présence des enfants et des femmes enceintes dans ces mines. C'est dans ces conditions que l'ARECOMS délivre un certificat de conformité qui permet la vente des minerais extraits sur les sites ;
- La récente campagne de vulgarisation du Code Minier révisé a également épinglé cette question de l'interdiction du travail des enfants et des femmes vulnérables dans les sites miniers artisanaux.

Le devoir m'amène à parler brièvement de la mise en place de la Commission Interministérielle de lutte contre le travail des enfants dans les mines artisanales, en sigle « CISTEMA ». La question du travail des enfants, étant une question éminemment sociale et transversale, le Gouvernement de la République a jugé judicieux de mettre en place cette structure interministérielle pour une meilleure coordination de toutes les actions de lutte contre le travail des enfants du secteur minier artisanal tant au niveau national que provincial.

C'est pourquoi, du haut de cette tribune, j'invite tous les Gouverneurs de Province à mettre en place les « CISTEMA Provinciales », en exécution des dispositions de l'article 11 de l'Arrêté Ministériel N°00122/CAB.MIN/MINES/01/2020 du 06 mars 2020 portant Création, Organisation et Fonctionnement de la Commission Interministérielle chargée du Suivi de la question du travail des enfants dans les mines artisanales en sigle, « CISTEMA », sous l'Autorité des Ministres Provinciaux en charge des Mines.

Sur ce, il est de l'intérêt de tous de renforcer la Coordination des actions à tous les niveaux afin que la RDC, notre pays, puisse atteindre l'objectif qu'elle s'est fixée, celui d'éliminer le travail des enfants dans le secteur minier, à l'horizon 2025. Ceci est possible avec la volonté politique qui anime le Gouvernement de la République d'une part, et avec le concours des Partenaires Techniques et Financiers que vous représentez d'autre part.

Aussi, j'invite donc, chacun de vous à apporter un soutien total à la CISTEMA Nationale et aux CISTEMA Provinciales, à travers leurs Autorités hiérarchiques respectives. A ce sujet, permettez-moi encore une fois de remercier le Bureau Pays OIT/BIT et le projet COTECCO pour leur accompagnement jusqu'à ce jour. Je suis convaincu, à partir d'aujourd'hui, d'autres Partenaires vont leur emboiter le pas. L'exécution de la mise en œuvre du Plan Opérationnel de la stratégie Nationale Sectorielle de lutte contre le travail des enfants dans les mines artisanales nécessite cependant des moyens financiers conséquents.

A cet égard, je peux vous assurer que le Ministère des Mines apprécie à sa juste valeur, tous les efforts de la part de ses Partenaires. A ce sujet, mon vœu est de voir être constitué un « Fonds spécial/Tolérance Zéro enfant dans les sites miniers artisanaux », comme le suggère la Stratégie Nationale Sectorielle de lutte contre le travail des enfants dans le secteur minier artisanal. Pour ce faire, je vous invite à examiner la mise en place de ces fonds et j'en appelle donc à votre soutien multiforme. En effet, ce qui compte, ce n'est pas le fait d'annoncer les fonds en nourrissant les espoirs immenses mais plutôt le décaissement réel de ceux-ci, et l'exécution effective et en toute transparence de tous les projets, sous la coordination du Ministère National des Mines.

Dans cette perspective, j'ose espérer que la Déclaration de Kolwezi que nous allons tous adopter, à l'issue de nos travaux, constituera un acte d'engagement pour toutes les parties prenantes présentes ici.

En outre, j'estime qu'il y a lieu de souligner également que le volet renforcement des capacités des acteurs du secteur minier artisanal doit être également un axe stratégique de notre partenariat. Permettez-moi de m'adresser directement à vous tous. La RDC, notre pays, est ouvert à la coopération multiforme avec les Etats, les Agences des Nations Unies, les Organismes Internationaux et les ONGs. En ce qui me concerne, mon Ministère apprécie, à juste titre, vos apports respectifs dans le secteur minier.

A cet effet, mon vœu le plus ardent est de voir toutes vos actions s'inscrire sur la politique du Gouvernement en général et sur la politique minière tracée par le Ministère des Mines en particulier. Pour ce faire, sur cette question de la problématique de la question du travail des enfants, vous êtes invités à appuyer la vision du Gouvernement.

Cependant, le Ministère des Mines déplore que certains d'entre vous s'installent dans les Provinces sans passer par le Ministère National des Mines qui est la seule porte d'entrée. A ce sujet, j'ose espérer qu'à partir de ces assises, cet état de choses va changer car je souhaite un nouveau départ dans nos relations. C'est pourquoi, au nom du Gouvernement, je vous réitère ma volonté de renforcer et de consolider nos relations. L'objectif ultime est d'éradiquer avec le concours de tous ce phénomène social lié au travail des enfants dans le secteur minier, à l'horizon 2025. Aussi, tout en vous réitérant la bienvenue à Kolwezi, je souhaite plein succès à nos travaux et je déclare ouverte la réunion avec les Partenaires Techniques et Financiers impliqués directement ou indirectement dans la lutte contre le travail des enfants dans le secteur minier artisanal en République Démocratique du Congo.

Que vive la RDC.

Je vous remercie.

Fait à Kolwezi, le 23 Novembre 2020

Prof. Willy
KITOBO
SAMSONI

Annexe F - Rapport complet de la recherche menée sur le DMA des tailings de Kipushi et Musoshi (Kitobo, 2016)

1. Introduction

Le drainage minier acide (DMA) est un phénomène environnemental connu depuis plusieurs années qui est dû à l'oxydation des sulfures suite à leur exposition à l'eau et l'oxygène de l'air. Cette interaction des sulfures, eau et air est générateur de solutions acides, oxydantes, chargées en cations métalliques (dont le fer ferrique) et en anions tels que les sulfates et les arséniates (Raj K. et Anil K., 2000 ; Benzaazoua et al., 2003 ; Hallberg, 2010 ; Lessard, 2018). Ce drainage des eaux acides est facilité par la biolixiviation naturelle des sulfures en présence principalement des bactéries acidithiobacillus mésophiles et la mobilisation des sulfates métalliques est importante en présence de la pyrite et quand le pH est très bas (Hallberg, 2010).

Kipushi et Musoshi sont deux cités minières situées sur l'arc cuprifère Katanguien à la frontière avec la Zambie (figure 32).

Depuis les années 1935, la société minière nommée Gécamines a exploité la mine souterraine de Kipushi pour alimenter le concentrateur de Kipushi en minerais sulfurés et du côté Musoshi, c'est la société minière SODIMICO qui a exploité depuis les années 1970 les mines de Kinsenda et de Musoshi pour alimenter le concentrateur de Musoshi.

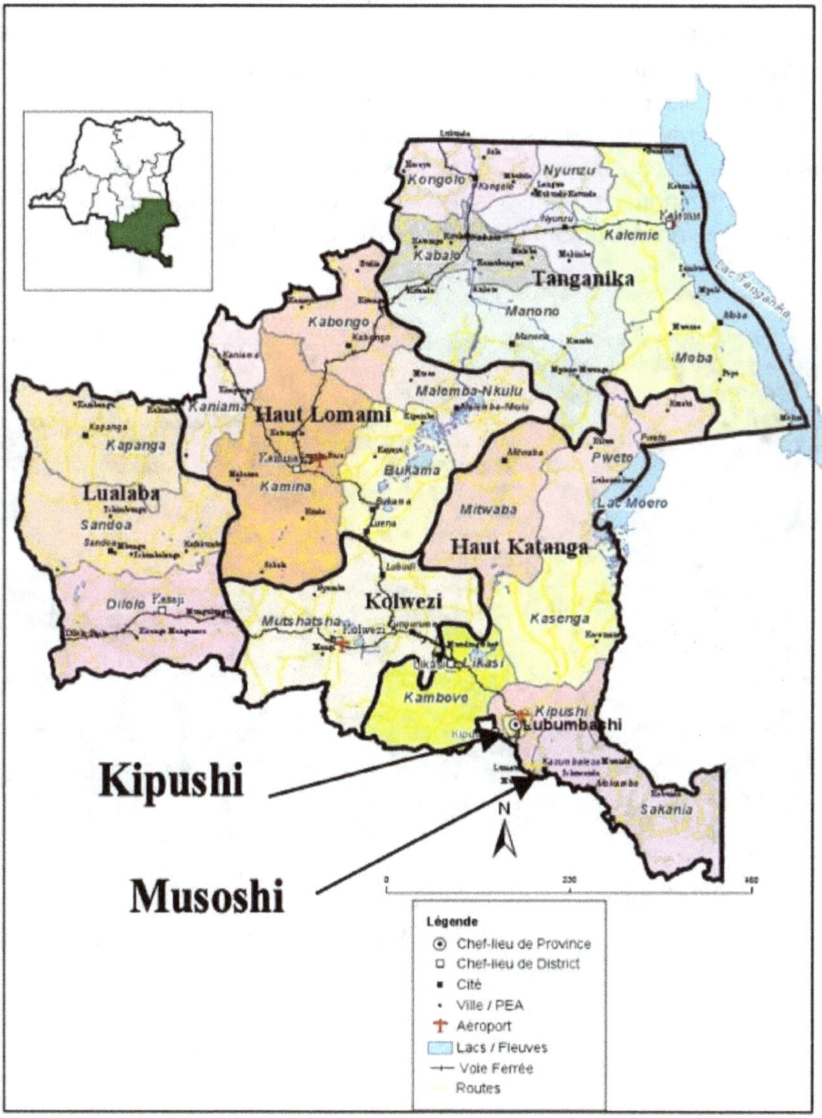

Figure 32 - Localisation de Kipushi et Musoshi sur la carte administrative du Katanga

Les minerais extraits étaient enrichis au concentrateur de Musoshi uniquement en cuivre et à Kipushi en cuivre et en zinc par la flottation aux xanthates en déprimant la pyrite contenue. Ces flottations ont généré après plus de 40 ans d'exploitation d'énormes quantités de rejets pyriteux acheminés sous forme de pulpe vers des bassins artificiels érigés dans les vallées des rivières naturelles pour la décantation des eaux contenues. A Kipushi, trois bassins ont été érigés en plaçant des digues en terre dans la vallée de la rivière Kipushi et à Musoshi deux digues ont été placées dans la vallée de la rivière Kanwampungu. Le remplissage progressif de ces bassins a donné lieu à des stocks de rejets solides (tailings) qui occupent actuellement des dizaines d'hectares de terrain sans aucune végétation et sont visibles de l'espace comme le montre ces photographies prises sur Google Earth en Août 2011 (figure 33 et 34).

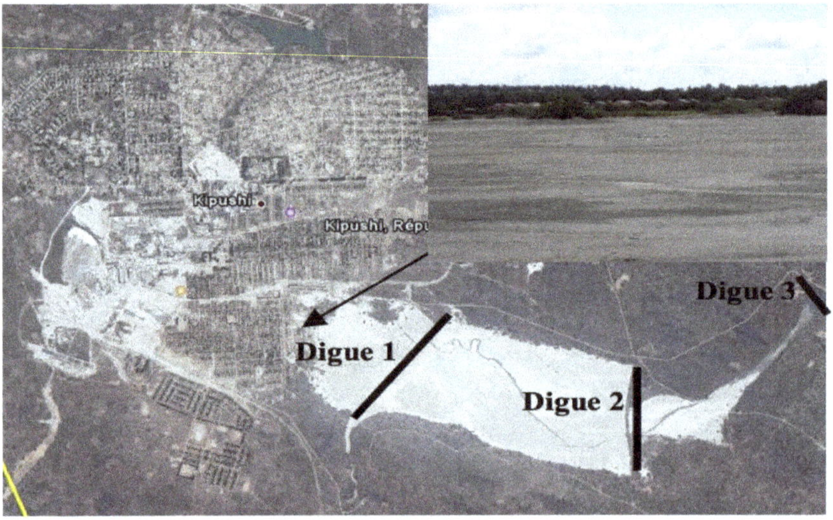

Figure 33- Tailings de Kipushi dans le lit de la rivière Kipushi et à côté des habitations

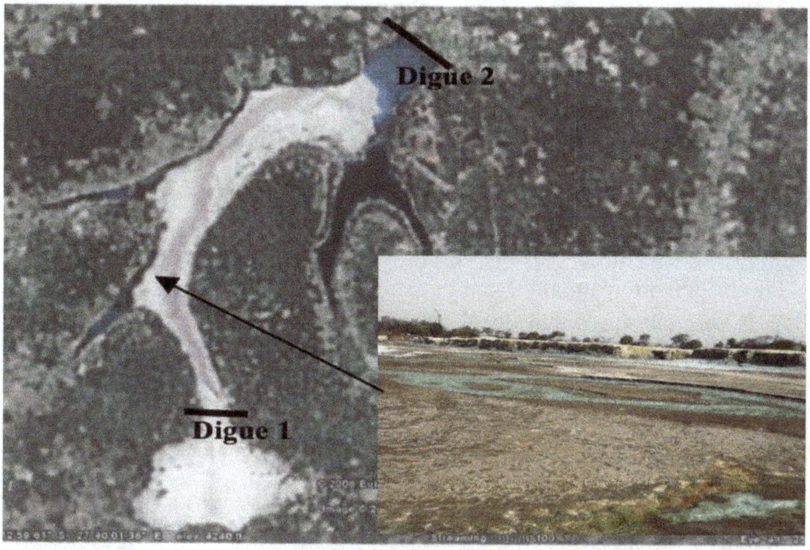

Figure 34- Tailings de Musoshi dans le lit de la rivière Kanwampungu

Jusqu'en 2002, la législation minière congolaise n'accordait pas beaucoup d'importance aux contraintes environnementales, si bien que bon nombre d'opérations minières se sont déroulées en violation flagrante des règles élémentaires en la matière avec, à divers égards, des incidences environnementales souvent très préjudiciables. Tous ces rejets étaient placés sans aucune stabilisation dans des aires de stockage situés en surface. L'instabilité physique et chimique a aujourd'hui un impact négatif sur les milieux environnants les plus proches (rivières naturelles, sols sous-jacents, nappes souterraines, etc.) par la migration et la dispersion d'ETM tels que l'arsenic, le cadmium, le cobalt, le cuivre, le plomb, le zinc, … Par exemple, pour les tailings de Kipushi, il a été démontré par des tests de lixiviabilité que les ETM ne sont pas chimiquement stables et qu'un relargage de ces polluants est possible quel que soit le pH (Kitobo et al., 2007, Kitobo, 2009).

En général, les rejets oxydés sont moins dangereux pour l'environnement que les rejets sulfurés. Les premiers proviennent de minerais extraits près de la surface et sont souvent stables chimiquement au contact de l'air et de l'eau. Par contre, la délocalisation des sulfures métalliques stables dans les mines souterraines vers les tailings en surface et leur exposition à l'eau et l'oxygène de l'air conduit à leur oxydation et, par là même, au déclenchement du drainage minier acide.

En principe, la présence de gangue carbonatée permet la neutralisation des eaux acides et limite ainsi la cinétique d'oxydation des sulfures. Les métaux mobilisés sont automatiquement précipités sous forme carbonates ou d'hydroxydes (Banks et al., 1997 ; Jambor et Blowes, 1998 ; Raj K et Anil K, 2000 ; Potgieter et al., 2005 ; Sheoran A. et Sheoran V., 2005). La solution de stabilisation des ETM la plus durable est la désulfuration par la flottation avant le stockage de la pyrite contenue (Benzaazoua et al., 2000 ; Kitobo, 2009, Raquibul et al, 2012).

Comme l'a dit Hallberg (2010), les caractéristiques du DMA varient significativement d'un site à un autre suivant la nature chimique et minéralogique des rejets (sulfures et minéraux de la gangue), de la température, du pH du milieu environnant. Dans cette recherche, il est question de caractériser les DMA des sites à rejets de Kipushi et Musoshi afin d'expliquer certains impacts environnementaux observés sur ces sites.

2. Matériels et méthodes

2.1. Echantillonnage et caractérisation

Les deux tailings étudiés ont des épaisseurs variables d'un endroit à un autre vu qu'ils ont été déposés sur des surfaces des vallées naturelles dont la topographie n'est pas la même partout. A Kipushi, les tailings reposent sur des formations constituées de dolomies siliceuses et de shales argilogréseux. La plus grande partie se trouve sur le calcaire de Kakontwe limité au Sud par le Grand Conglomérat et au Nord par la Série Récurrente (Greorghe, Grujenschi et Intiomale, 1975 à 1979). Les épaisseurs de rejets varient de 7 à 14 m pour la digue 1 et de 12 à 15 m pour la digue 2 (Kitobo, 2009). Par contre à Musoshi, la vallée de la rivière Kanwampungu dans laquelle reposent les rejets du concentrateur de Musoshi est constituée de dolomies et de shales dolomitiques. Les épaisseurs des rejets varient de 4 à 6 m pour les deux digues.

Pour caractériser le DMA, un échantillonnage systématique d'un maillage de 50 x 50 m et 100 x 100 m à l'aide d'une tarière capable de prélever 1 m d'échantillon a été effectué sur chaque terrain. Les prélèvements étaient faciles puisque les deux tailings sont constitués par des particules fines de flottation formées en majeure partie des grains ayant des dimensions de moins 150 µm. Un appareil GPS de marque Garmin a été utilisé pour prendre les coordonnées des points de prélèvement.

A Kipushi, 54 échantillons ont été pris à la digue 1 la plus ancienne où les impacts du DMA sont très visibles : effondrement de terrain, formation des minéraux secondaires blanchâtres (figure 35).

Figure 35- Zone d'effondrement des tailings de Kipushi avec des formations des minéraux secondaires blanchâtres (Kitobo, 2009)

A Musoshi, 25 échantillons ont été pris sur tout le site (digue 1 et 2) puisque les indices du DMA telle que la cristallisation de de sulfate de cuivre est observé partout sur le terrain (voir photographie prise en Août 2011 à la figure 36).

Figure 36- Cristallisation du sulfate de cuivre des eaux de drainage acide des Musoshi

Un échantillon composite par site étudié a été obtenu en mélangeant environ 1 kg de chaque échantillon prélevé à la tarière et des quartages successifs. Ces échantillons ainsi constitués ont servi à certaines analyses chimiques (Cu, Pb, Fe, Zn et Cd) par spectroscopie d'absorption atomique et d'autres minéralogiques par microscopie optique des sections polies et diffraction des rayons X.

Le tableau 31 reprend la composition chimique des tailings de Kipushi et Musoshi.

Tableau 32- Composition chimique des tailings de Kipushi et de Musoshi

	Rejets de Kipushi (digue 1)	Rejets de Musoshi
Ag (ppm)	40	<1,00
As (%)	0,88	-
Au (ppm)	0,40	<0,10
Cd (%)	0, 011	<0,01
Cu total (%)	0,62	0,45
Cu oxyde (%)	0,20	0,19
Fe (%)	6,20	2,29
Pb (%)	0,23	0,07
Zn total (%)	2,70	<0,01
S total (%)	4,32	0,25
Al_2O_3 (%)	-	15,43
CaO (%)	9,00	0,20
MgO (%)	12,20	2,32
SiO_2 (%)	22,50	64,35

Elle indique dans les tailings de Kipushi la présence de cuivre résiduel à une teneur inférieure à 0,7 % et dont une bonne partie à l'origine sulfurée est aujourd'hui oxydée : environ 33 %. Dans les tailings de Musoshi, le cuivre résiduel est d'environ 0,45 % avec 50 % actuellement oxydés. Dans les deux cas, la teneur en soufre est faible et une bonne partie dans les rejets de Kipushi se trouve sous forme des sulfures de zinc et fer.

Les analyses minéralogiques ont montré que les rejets de Kipushi sont constitués en grande partie des minéraux de la gangue principalement formée de dolomite ($CaMg(CO_3)_2$), d'un peu de calcite ($CaCO_3$), de quartz (SiO^2), de chlorite (Mg,

Fe)$_5$ $Al_2Si_3O_{10}(OH)_8$ et de muscovite. Les minéraux de cuivre sont la chalcopyrite ($CuFeS_2$) en forte proportion, la bornite (Cu_5FeS_4), la chalcosine (Cu_2S) et la covelline (CuS) en faible proportion ; le zinc est principalement sous forme de sphalérite (ZnS). Outre ces minéraux, sont également présents la galène (PbS), la pyrite (FeS2), la marcasite (FeS_2), l'arsénopyrite (FeAsS), des traces de renierite (Cu_3(Zn, Fe, Ge) (S, As)$_4$), la tennantite (Cu, Fe, Zn, Ag)$_{12}As_4S_{13}$, la briartite (Cu_5, (Zn, Fe) GeS_4), la gallite ($CuGaS_2$).

Dans les rejets de Musoshi, on trouve en grande partie la gangue siliceuse constituée de quartz et des feldspaths. Les autres minéraux sont les suivants : la chalcopyrite, la bornite, la chalcosine, la malachite et dans une moindre importance la cuprite, la digénite et le cuivre natif. On note toutefois une présence importante de l'alumine avec une teneur moyenne évaluée à plus de 15 %. Cette alumine proviendrait vraisemblablement de certains minéraux constitutifs de la gangue tels les feldspaths (dont l'orthose : $6SiO_2$, Al_2O, K_2O), le micas (dont la muscovite : $6SiO_2$, $3Al_2O_3$, K_2O, $2H_2O$) et dans une moindre proportion de la kaolinite ($Al_2Si_2O_5$ $(OH)_4$). Cette origine minérale de la gangue pourrait également expliquer l'importance notoire du potassium observé dans les rejets soit 7,0 %.

Le gypse ($CaSO_4.2H_2O$) a été également identifié sur le diffractogramme des rejets de Kipushi. C'est un minéral secondaire formé par la neutralisation de l'acide d'oxydation bactérienne des sulfures contenus avec la calcite et la dolomite. Mees et al (2012) l'ont également identifié en analysant les dépôts blanchâtres de surface des grains par microscopie électronique à balayage (SEM). Ils ont trouvé qu'il était associé à des minéraux secondaires du magnésium l'hexahydrite ($MgSO_4.6H_2O$), epsomite ($MgSO_4.7H_2O$) et de petites quantités de smithsonite ($ZnCO_3$).

L'analyse des sections polies a relevé la présence sur certains grains des formations de couches d'oxyde de cuivre sur ses sulfures probablement de la malachite verte ($CuCO_3.Cu(OH)_2$) et des oxydes de fer du groupe des jarosites sur la pyrite comme on peut le voir sur les grains des minéraux de la figure 37.

Le minéral secondaire le plus visible sur les rejets de Musoshi est la chalcanthite verte bleue ($CuSO_4.5H_2O$) (figure 36). Mais, il est également observé des formations de gypse, hexahydrite et epsomite blanches (figure 38). La chalcanthite plus soluble dans l'eau que les sulfates de calcium et magnésium est entrainée par ruissellement et se sépare nettement de ces derniers comme on peut le voir sur cette photographie des zones érodées (figure 38).

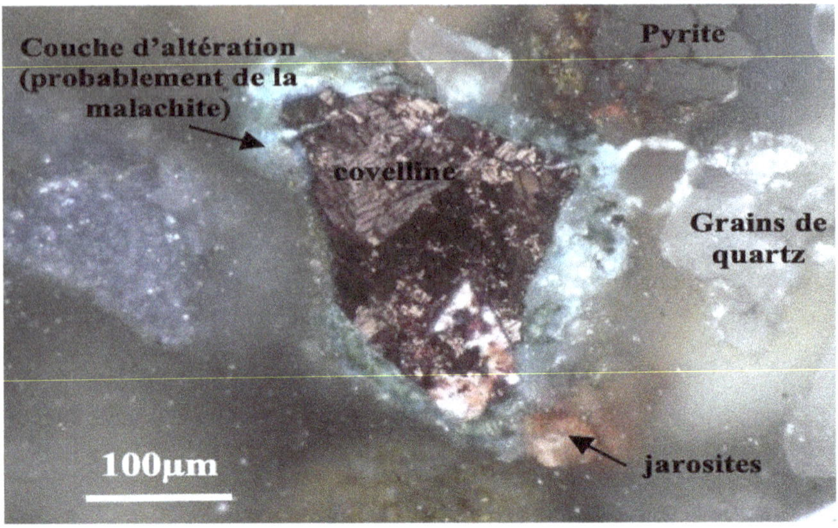

Figure 37 - Minéraux observés au microscope optique polarisant en lumière réfléchie (analysée avec nicols croisés) (Kitobo, 2016)

Figure 38 - Des formations de gypse, hexahydrite et epsomite blanche stables sur les parois contre les eaux de ruissellement (Kitobo, 2016)

2.2. Caractérisation du DMA

Différents critères sont proposés dans la littérature (par exemple SRK, 1989 ; Morin and Hutt, 1997 cités par Benzaazoua et al., 2000) pour déterminer si un rejet solide peut être ou non générateur d'acide. Le critère utilisé dans cette étude est basé sur la détermination du potentiel net de neutralisation (NNP) ou sur le rapport entre le potentiel de neutralisation d'acide (NP) et le potentiel de production d'acide (AP). Les matériaux sont considérés non générateurs d'acide lorsque NNP = NP – AP est positif et/ou lorsque le rapport NP/AP est supérieur à 1. On admet cependant qu'il est incertain de qualifier un tailing comme non générateur d'acide quand ce rapport est entre 1 et 2.

Les potentiels de neutralisation (NP) et de production d'acide (AP) ont été déterminés par la méthode de Sobek et al. (1978), c'est-à-dire par calcul à partir de la teneur en soufre. NP est mesuré par titrage du rejet minier à l'acide chlorhydrique (HCl). Le mode opératoire est le suivant :

- prendre 2 g de d'échantillon ;
- ajouter 25 ml d'HCl 0,1N ;
- agiter pendant 5 minutes à l'aide d'un agitateur mécanique ;
- filtrer la solution et ensuite pipeter 10 ml de la solution claire (filtrat) ;
- doser l'acide en excès par NaOH 0,1N ;
- ml HCl ayant réagi avec CO^{3-} = NaVa – 2NbVb.

Avec Na et Va respectivement la concentration et le volume de HCl utilisé et Nb et Vb la concentration et le volume de NaOH utilisé.

La surface des tailings étudiée étant très grande, une première caractérisation globale sur des échantillons composites a été réalisée mais comme elles ne peuvent pas donner une bonne information sur les phénomènes observés sur terrain, une deuxième caractérisation a été déterminée pour les 54 échantillons prélevés aux tailings de Kipushi et les 25 pour les tailings de Musoshi. Cette manière d'étudier nous permet de représenter dans un graphique le nuage des couples des points (AP, NP) qui nous renseigne facilement sur la tendance générale du DMA sur site.

Un autre test réalisé tel que recommandé dans les protocoles de références AFNOR (Lebourg et al. 1996, Lebourg et al. 1998, Gupta et al. 1996, Ure, 1996 ; Blanchard, 2000, Kitobo, 2009) est celui de la percolation en colonne noyée pendant 240 heures avec une solution de $CaCl_2$ 0,01 M reproduisant la composition de la solution de sol en termes de force ionique et de pH jusqu'à la stabilisation du pH des percolats. Ce test nous a permis de simuler le drainage des eaux naturelles sur les sites étudiés. Pour ce test de percolixiviation en colonne noyée, un échantillon des rejets était placé dans une colonne et puis percolé en continu avec une solution de $CaCl_2$ à 0,01 mol/l. Pour faciliter un remplissage homogène de la colonne, l'échantillon sec a été préalablement humidifié. Il a été introduit ensuite dans la colonne et légèrement tassé avec un outil plat. Le débit d'écoulement était d'environ 20 ml/h. Le pH de l'ensemble des percolats était mesuré chaque jour.

3. Résultats et discussion

Les résultats des tests de caractérisation du DMA sur les échantillons composites sont regroupés dans le tableau 32. La première caractérisation du DMA basée sur le rapport NP/AP a classé les tailings de Kipushi comme rejets générateurs d'acide avec un rapport de 0,95 et ceux de Musoshi incertains (NP/AP = 1,14).

Le résultat obtenu pour les rejets de Kipushi quoique proche de la zone incertaine confirmerait les phénomènes observés sur le site, lesquels sont indicateurs d'un drainage acide neutralisé par les minéraux de la gangue (la calcite et la dolomite) avec formation en grande partie de gypse et peu de hexahydrite et epsomite.

Tableau 33 - Caractéristiques chimiques et environnementales des rejets des tailings de Kipushi et Musoshi

	Rejets de Kipushi	Rejets de Musoshi
Cu (%)	0,60	0,45
Zn (%)	2,70	< 0,01
Fe (%)	6,20	2,29
Pb (%)	0,23	0,07
S_{total} (%)	4,32	0,25
NP (kg de $CaCO_3$/t)	127,8	8,38
AP (kg de $CaCO_3$/t)	135,0	7,69
NNP (kg de $CaCO_3$/t)	-7,2	0,69
NP/AP	0,95	1,14
Type de rejet selon la classification environnementale	Générateur d'acide	Intermédiaire

Les valeurs de NP des rejets de Kipushi sont importantes comparées à celles obtenues pour les rejets de Musoshi. Cela est dû à la présence d'importantes quantités de carbonates qui confèrent aux rejets de Kipushi un bon potentiel de neutralisation NP. Mais malheureusement, la teneur en soufre est aussi importante de sorte que ce potentiel n'arrive pas à compenser largement toutes générations d'acide.

Concernant les rejets de Musoshi, il est difficile de se prononcer sur le phénomène de DMA quoiqu'on observe sur terrain les phénomènes de formation de chalcanthite pendant la saison sèche (figure 5). C'est pour cette raison que nous sommes passés à une caractérisation plus poussée sur chacun des échantillons prélevés sur les sites étudiés. Cette seconde caractérisation de DMA basée toujours sur le rapport NP/AP a donné les résultats repris dans les tableaux 33 et 34.

Il ressort de ces résultats du tableau 33 des 54 échantillons pris individuellement à Kipushi que 34 échantillons ont donné un rapport NP/AP < 1 qui correspond à des résidus générateurs d'acide et que les 20 autres peuvent être classés incertains (2 >NP/APStotal > 1). Aucun échantillon n'a donné une valeur de NP/AP supérieure à 2. Le constat à Musoshi est le même puisque 9 échantillons sur 25 ont donné un rapport NP/AP < 1 et les autres des valeurs qui classent les rejets d'incertains. Aucun échantillon n'a donné une valeur de NP/AP supérieure à 2 qui les caractériserait de non générateur d'acide.

En reportant les couples de valeurs (AP, NP) sur un graphique donnant AP en fonction de NP, on obtient les nuages de points repris sur les figures 39 et 40. Ces nuages confirment la tendance au DMA puisqu'ils glissent totalement vers cette zone. De plus si les caractéristiques de certains échantillons indiquent un drainage certain que d'autres, cela veut dire que les teneurs en minéraux sulfurés et particulièrement en pyrite sur les terrains étudiés ne sont pas les mêmes. La variabilité de ces teneurs influe de manière significative sur le phénomène de DMA.

Tableau 34- Détails des analyses des 54 échantillons prélevés à la digue 1 de Kipushi

Echant.	% Cu	% Fe	% Zn	% S_{total}	NP/AP Stotal	DMA
1	1,37	6,00	5,75	6,87	0,45	oui
2	1,22	5,50	5,00	5,50	0,54	oui
3	0,69	4,50	4,20	4,12	0,63	oui
4	0,37	2,75	3,16	2,75	1,23	incertain
5	0,53	3,60	3,16	2,75	1,18	incertain
6	1,28	5,50	5,48	3,44	0,83	oui
7	0,78	3,50	3,99	4,12	0,66	oui
8	0,52	6,00	2,48	5,50	0,64	oui
9	0,38	4,60	2,13	3,40	1,06	incertain
10	1,06	5,40	2,90	3,44	1,03	incertain
11	0,60	16,00	3,31	11,02	0,27	oui
12	0,62	4,10	4,14	8,25	0,39	oui
13	0,70	4,00	3,51	7,56	0,44	oui
14	0,44	3,91	3,04	3,74	1,09	incertain
15	0,59	4,00	4,54	5,25	0,76	oui
16	1,15	9,80	3,68	12,37	0,23	oui
17	0,57	7,80	3,31	10,31	0,29	oui
18	0,69	5,60	5,29	8,25	0,39	oui
19	0,65	2,30	4,00	4,12	0,79	oui
20	0,94	7,80	3,34	6,18	0,58	oui
21	0,94	12,60	2,79	10,99	0,25	oui
22	1,73	8,10	2,87	4,12	0,83	oui
23	0,34	9,30	2,04	6,87	0,48	oui
24	0,37	7,85	2,06	6,87	0,37	oui
25	0,67	8,55	1,96	5,50	0,39	oui
26	0,41	12,20	2,61	8,25	0,43	oui

27	0,52	9,05	2,27	6,87	0,22	oui
28	0,20	5,60	1,79	5,18	0,52	oui
29	0,31	9,35	2,85	5,50	0,31	oui
30	0,40	8,35	2,20	5,50	0,20	oui
31	0,77	10,50	2,23	3,12	1,06	incertain
32	0,32	7,70	2,53	5,50	0,37	oui
33	0,35	4,80	2,20	4,12	1,04	incertain
34	0,43	12,85	3,31	9,62	0,22	oui
35	0,32	10,45	2,35	8,25	0,40	oui
36	0,40	10,20	2,33	4,00	1,03	incertain
37	0,28	4,65	2,16	3,44	1,10	incertain
38	0,31	4,45	3,83	3,50	1,04	incertain
39	0,45	5,20	2,42	4,87	0,73	oui
40	0,58	4,40	2,40	4,50	0,91	oui
41	0,54	3,25	1,70	4,00	1,03	incertain
42	0,69	4,40	1,80	3,74	1,13	incertain
43	0,53	3,80	2,40	3,44	1,02	incertain
44	0,34	2,60	1,43	3,00	1,20	incertain
45	0,38	2,75	1,40	3,12	1,06	incertain
46	0,32	4,08	1,40	4,50	0,90	oui
47	0,49	3,88	1,47	3,12	1,32	incertain
48	0,48	3,90	1,40	3,60	1,05	incertain
49	0,32	2,75	1,46	3,12	1,24	incertain
50	0,49	4,14	1,80	3,60	1,22	incertain
51	0,43	3,02	1,28	2,75	1,50	incertain
52	0,62	8,15	2,40	4,58	0,72	oui
53	0,46	6,50	2,62	4,12	0,92	oui
54	0,65	5,75	3,80	4,87	0,80	oui
Moyenne	0,59	6,26	2,81	5,32		

Tableau 35- Détails des analyses des 25 échantillons prélevés aux tailings de Musoshi

Echant	% Cu	% Fe	%S total	NP/AP S total	DMA
1	0,4	1,34	0,3	0,80	Oui
2	0,26	1,5	0,16	1,30	Incertain
3	0,26	1,06	0,16	1,00	Incertain
4	0,41	0,81	0,19	0,93	Oui
5	0,34	1,2	0,2	1,04	Incertain
6	0,3	1,17	0,2	0,96	Oui
7	0,77	1,29	0,5	0,51	Oui
8	0,34	1,4	0,2	1,44	Incertain
9	0,35	1,96	0,22	1,53	Incertain
10	0,35	1,44	0,2	1,36	Incertain
11	0,59	1,33	0,33	0,87	Oui
12	0,45	0,88	0,32	0,80	Oui
13	0,42	1,58	0,29	0,94	Oui
14	0,62	2,3	0,24	1,47	Incertain
15	0,36	0,88	0,24	1,33	Incertain
16	0,28	0,9	0,26	0,92	Oui
17	0,41	1,12	0,2	1,35	Incertain
18	0,47	0,9	0,26	1,35	Incertain
19	0,44	1,44	0,22	1,09	Incertain
20	0,44	1,41	0,26	1,11	Incertain
21	0,43	1,6	0,22	1,31	Incertain
22	0,46	1,92	0,28	1,14	Incertain
23	0,41	1,37	0,3	0,91	Oui
24	0,42	2,13	0,22	1,60	Incertain
25	0,4	2,26	0,19	1,40	Incertain
Moyenne	0,42	1,41	0,25		

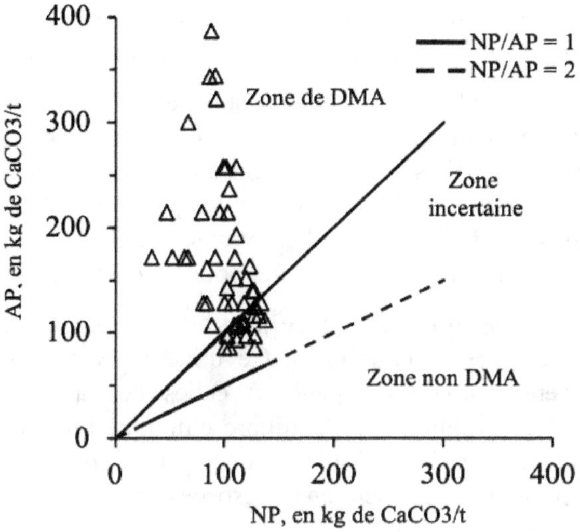

Figure 39 - Distribution des couples (AP, NP) caractéristiques des DMA des rejets de Kipushi

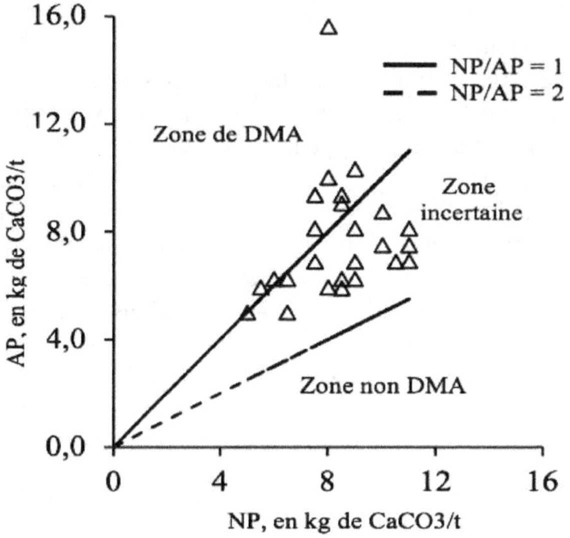

Figure 40 - Distribution des couples (AP, NP) caractéristiques des DMA des rejets de Musoshi

L'analyse des résultats du tableau 33 montre que ce sont les zones riches en Cu, Fe et Zn qui sont également à risque de DMA élevé. A Musoshi, cette observation est aussi vraie si on considère les échantillons 7 et 12.

Les tests de simulation de la percolation des eaux naturelles sur un lit fixe placé dans une colonne pendant 240 heures nous ont permis d'enregistrer des variations de pH des percolats qui confirment une acidification des milieux et donc la production des eaux acides pour les deux rejets étudiés (figure 10). Cette acidification est très rapide dans les 24 heures et se stabilise ensuite à un pH de 6,2 pour les rejets de Kipushi et un pH de 4,6 pour les rejets de Musoshi.

L'acidification rapide des milieux peut se justifier par l'oxydation de la pyrite encore présente dans ces deux tailings. Ce minéral se caractérise par une oxydation bactérienne rapide comparée à celles des autres sulfures. La stabilisation des pH s'explique par l'équilibre chimique qui s'établit entre la réaction bactérienne qui produit d'acide et la neutralisation de cet acide par les espèces basiques présentes. La teneur en ces espèces étant importante à Kipushi, le pH initial est basique et ne baisse qu'autour de 6. Par contre à Musoshi, le pH initial est légèrement acide et descend rapidement plus bas que 6 suite à la présence de plus des minéraux acides (silice, alumine) et de la faible proportion des carbonates (voir les résultats au tableau 31).

Les pH de stabilisation des percolats expliquerait le degré d'oxydation du cuivre et et sa mobilisation à Musoshi. En effet, la valeur du pH influence sensiblement la cinétique d'oxydation bactérienne des sulfures, c'est ce qui justifie la faible oxydation de 30 % constatée dans les plus anciens des rejets de Kipushi comparée à l'oxydation trouvée à Musoshi de 50 %. De plus, les conditions thermodynamiques (pH, Eh) des percolats à Kipushi ne favorisent pas la mobilisation des métaux comme celles des percolats de Musoshi. En effet, le potentiel oxydoreducteur ayant varié pendant les tests autour de 0,4 – 0,46 mV pour les rejets de Kipushi et 0,44 – 0,52 mV pour les rejets de Musoshi, à un pH de 6, le cuivre est stable et avec l'oxydation il forme des oxydes mais à pH 4, il y a possibilité de mobilisation des ions Cu2+ à des potentiels proches de 0,5 mV. C'est ce qui explique la mobilisation des métaux lourds comme le cuivre sous forme sulfates constatée à Musoshi et non à Kipushi. Dans cette dernière, ils sont oxydés mais bloqués sous forme d'oxydes stables et se mélangent avec les minéraux de neutralisation des carbonates (gypse, hexadrite et epsomite).

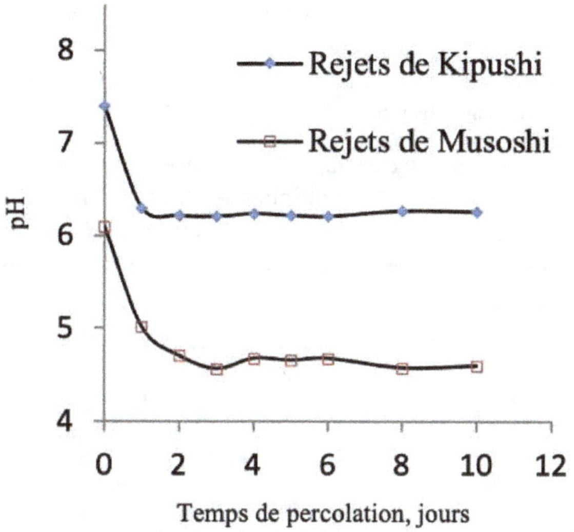

Figure 41 – Variation du pH des percolats sur les rejets mis en colonnes noyées

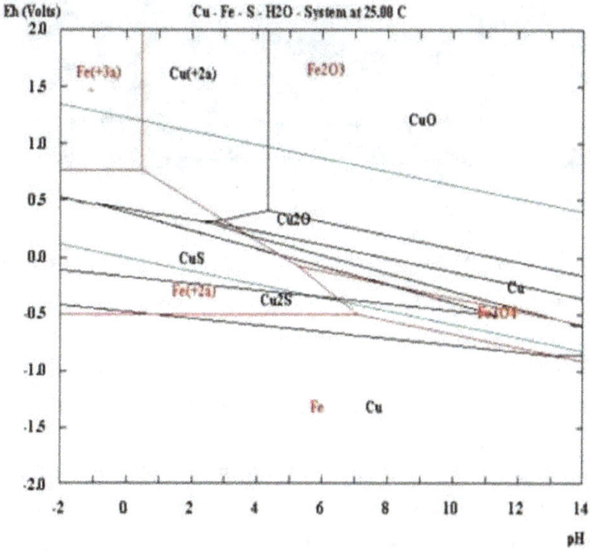

Figure 42 - Diagramme Eh-pH du système Cu-Fe-S-H_2O [Cu] 0,1 M, [S] 0,1 M

La diminution de la cinétique d'oxydation des sulfures à Kipushi et la neutralisation de l'acide formé n'élimine pas tous les impacts négatifs sur l'environnement. Le terrain est très perméable à l'eau et les traces d'acide emportées par infiltration se retrouvent neutralisées par les formations dolomitiques où reposent les rejets. Ce qui expliquerait les karts de ces dernières, les affaissements de terrain constatés à la digue 1 et le durcissement des eaux qui s'écoulent vers la mine de Kipushi.

Au niveau de Musoshi, les eaux de la rivière Kanwampungu sont polluées par coulées chargées en des sulfates métalliques et deviennent de fois acide. Les formations géologiques où reposent les rejets étant de même type que celles de Kipushi, les affaissements de terrain y sont aussi remarqués comme le montre cette photographie prise en Août 2011.

Figure 43 – Affaissement de terrain aux tailings de Musoshi

4. Conclusion

L'objectif de cette recherche était de caractériser le DMA des rejets sulfurés de Kipushi et ceux de Musoshi stockés en surface dans les lits des rivières naturelles. La caractérisation par la détermination du rapport NP/AP a confirmé le DMA de ces deux rejets par l'analyse de plusieurs échantillons pris individuellement. Cette façon d'étudier a confirmé que les nuages des couples de points (AP, NP) glissent plus vers la zone de DMA. En simulant les percolations des eaux naturelles sur les rejets placés en colonne noyée, la production d'eau acide a été confirmée par la production après 240 heures d'un percolat à pH 6,2 pour les rejets de Kipushi et un percolat à pH 4,6 pour les rejets de Musoshi. Cette acidification est très rapide dans les 24 heures suite à la pyrite qui est encore présente actuellement. Tout ceci a permis d'expliquer les problèmes environnementaux observés sur les sites. A Kipushi, le drainage est neutralisé à des pH voisins de 6 par la forte proportion de carbonates encore présents dans les tailings en produisant des minéraux secondaires stables à ce pH et constitués principalement de gypse, hexahydrite et epsomite. A Musoshi, le manque de neutralisation suffisante due à la forte teneur de silice et alumine et la faible teneur en carbonates laisse apparaitre un DMA à des pH d'environ 4. A ce pH, les conditions thermodynamiques (pH, Eh) sont favorables pour la mobilisation de métaux contenus. Sur le terrain, il est observé une mobilisation visible des sulfates de cuivre, qui de fois cristallisent quand il y a des évaporations en laissant de la chalcanthite. Les impacts environnementaux du DMA à Kipushi sont la pollution des eaux de Kipushi, l'effondrement des terrains et le durcissement des eaux des nappes souterraines. A Musoshi, on observe plus l'acidification des eaux de la rivière Kanwampungu et sa pollution en métaux lourds.

Table des matières

Structures éditoriales du groupe L'Harmattan

L'Harmattan Italie
Via degli Artisti, 15
10124 Torino
harmattan.italia@gmail.com

L'Harmattan Hongrie
Kossuth l. u. 14-16.
1053 Budapest
harmattan@harmattan.hu

L'Harmattan Sénégal
10 VDN en face Mermoz
BP 45034 Dakar-Fann
senharmattan@gmail.com

L'Harmattan Cameroun
TSINGA/FECAFOOT
BP 11486 Yaoundé
inkoukam@gmail.com

L'Harmattan Burkina Faso
Achille Somé – tengnule@hotmail.fr

L'Harmattan Guinée
Almamya, rue KA 028 OKB Agency
BP 3470 Conakry
harmattanguinee@yahoo.fr

L'Harmattan RDC
185, avenue Nyangwe
Commune de Lingwala – Kinshasa
matangilamusadila@yahoo.fr

L'Harmattan Congo
67, boulevard Denis-Sassou-N'Guesso
BP 2874 Brazzaville
harmattan.congo@yahoo.fr

L'Harmattan Mali
ACI 2000 - Immeuble Mgr Jean Marie Cisse
Bureau 10
BP 145 Bamako-Mali
mali@harmattan.fr

L'Harmattan Togo
Djidjole – Lomé
Maison Amela
face EPP BATOME
ddamela@aol.com

L'Harmattan Côte d'Ivoire
Résidence Karl – Cité des Arts
Abidjan-Cocody
03 BP 1588 Abidjan
espace_harmattan.ci@hotmail.fr

Nos librairies en France

Librairie internationale
16, rue des Écoles
75005 Paris
librairie.internationale@harmattan.fr
01 40 46 79 11
www.librairieharmattan.com

Librairie des savoirs
21, rue des Écoles
75005 Paris
librairie.sh@harmattan.fr
01 46 34 13 71
www.librairieharmattansh.com

Librairie Le Lucernaire
53, rue Notre-Dame-des-Champs
75006 Paris
librairie@lucernaire.fr
01 42 22 67 13